Joseph Ki-Zerbo

Itinéraire d'un intellectuel africain au XXe siècle

5-7, rue de l'Ecole polytechnique ; 75005 Paris

http://www.librairieharmattan.com
diffusion.harmattan@wanadoo.fr
harmattan1@wanadoo.fr

ISBN : 978-2-296-04206-3
EAN : 9782296042063

Florian Pajot

Joseph Ki-Zerbo

Itinéraire d'un intellectuel africain au XXe siècle

Préface de
Sophie Dulucq

L'Harmattan

Grandes Figures d'Afrique

Collection dirigée par André Julien Mbem

Les acteurs de la vie politique, intellectuelle, sociale ou culturelle africaine sont les axes majeurs de cette collection. Le genre biographique autour de personnalités marquantes de l'histoire contemporaine du continent africain reste à promouvoir. Et pourtant, depuis l'accession des pays africains à l'indépendance, en Afrique ou dans sa diaspora, des personnages d'une importante densité occupent la scène du monde et la quittent parfois sans que soient mis en récit, au besoin avec leurs concours, leurs parcours. La collection **Grandes Figures d'Afrique** privilégie l'archive, le témoignage direct, en veillant autant que possible à l'authenticité du matériau historique.

A la famille Tiendrebeogo
Javert, Pauline,
Yvette, Yvonne, Brigitte et Laurent

N'an laara, an saara.
(Si nous nous couchons,
nous sommes morts)
Joseph Ki-Zerbo

PREFACE

Le travail de Florian Pajot a d'abord été conçu dans le cadre universitaire d'une maîtrise d'histoire à l'Université de Toulouse-le Mirail, lorsque je lui ai proposé en 2003 de se lancer dans une recherche sur Joseph Ki-Zerbo.

L'heure était en effet venue, depuis plusieurs années, de pousser l'enquête vers l'histoire culturelle de l'Afrique contemporaine, et notamment vers ses acteurs éminents – auteurs, écrivains, chercheurs et artistes en tous genres. Or Joseph Ki-Zerbo est – le répétera-t-on assez ? – le premier chercheur africain de langue française à avoir rédigé une histoire générale de l'Afrique. Par la place de premier plan qu'il occupe dans l'historiographie africaine francophone, mais également par son inlassable militantisme, il fournissait donc un poste d'observation privilégié pour embrasser une saisissante traversée intellectuelle et politique dans l'Afrique de l'Ouest du XXe siècle. Son parcours hors du commun – qu'il convenait alors de reconstituer avec précision – donne en effet un précieux aperçu de l'évolution de la Haute-Volta/Burkina Faso contemporain et de son progressif arrachement au joug colonial. De l'école missionnaire aux bancs de la Sorbonne, de l'histoire enseignée par le colonisateur à l'histoire produite en toute indépendance, l'itinéraire de Joseph Ki-Zerbo donne aussi à voir la rapide autonomisation d'un historien qui, sans jamais renier sa formation dans la matrice bien particulière de la situation coloniale, a su forger ses propres outils méthodologiques et produire un discours scientifique, contribuant en quelque sorte à décoloniser l'histoire africaine. Il permet en outre de saisir, en s'attachant au cheminement politique du « Professeur », le rôle des militants divers et variés dans l'ébranlement de la domination impériale de la France au cours des années 1950.

Le travail de Florian Pajot s'est donc inscrit dans le cadre d'une histoire politique de la colonisation et de la décolonisation. Mais la personnalité même de Joseph Ki-Zerbo situait immanquablement la recherche dans la perspective plus vaste de l'histoire des sciences et, plus précisément, dans celle de l'histoire des intellectuels et de son cortège de travaux reconnus, menés par des historiens tels que Jean-François Sirinelli ou Christophe Charle. Or la place de l'intellectuel dans le paysage culturel et politique de l'Afrique indépendante est sensiblement différente de celle de l'intellectuel français, allemand ou américain. C'est à réfléchir sur ces spécificités – qu'est-ce qu'un intellectuel dans une société africaine contemporaine? quel sens peut revêtir une expression comme celle d'« intellectuel engagé » ? – que s'attache aussi Florian Pajot à partir de la figure de Ki-Zerbo. La double dimension – scientifique et politique – du personnage éclaire cette problématique de la place des clercs africains dans leur propre pays, problématique ô combien cruciale dans des sociétés où le pluralisme de la parole, la liberté des acteurs dans l'espace public et la libre production d'une pensée indépendante du pouvoir continuent trop souvent de poser problème.

C'est donc avec une grande satisfaction que j'ai appris la publication, sous une forme remaniée, du travail universitaire que j'avais eu le privilège d'encadrer il y a quelques années. Au-delà de l'hommage mérité, cet ouvrage constituera une base solide pour des travaux ultérieurs sur Joseph Ki-Zerbo. Il servira aussi à coup sûr de tremplin à d'autres études centrées sur ces grandes figures africaines qui – de Léopold Sédar Senghor à Mongo Béti, de Bernard Dadié à Wolé Soyinka, de Cheikh Anta Diop à Amadou Hampâté Bâ et à bien d'autres encore – ont contribué à façonner le paysage intellectuel international et dont le parcours de vie, à cheval entre période coloniale et indépendance, éclaire singulièrement notre histoire commune.

Sophie Dulucq

Maître de conférences en histoire contemporaine,

Université de Toulouse-le Mirail

INTRODUCTION

Joseph Ki-Zerbo est un personnage incontournable de Haute-Volta, ancienne colonie de l'Afrique Occidentale Française devenue Burkina-Faso[1]. La carrière et l'action de cet homme suscitent l'intérêt du chercheur et ne peuvent manquer d'attirer l'attention du néophyte qui s'intéresse à l'histoire contemporaine de l'Afrique subsaharienne. En effet, Joseph Ki-Zerbo, né dans les années 1920, a été témoin et également acteur des nombreuses évolutions de son continent, sur le plan politique, idéologique ou encore culturel. Etudiant à Paris dans les années cinquante, dans le contexte politique des colonies qui se soustraient peu à peu du joug colonial[2], fondateur d'un parti à la veille des indépendances, agrégé d'histoire mettant ses compétences au service d'une méthodologie de l'histoire africaine, « Monsieur le Professeur[3] » est de toute évidence impliqué dans les combats de l'Afrique au 20ème siècle.

La présente biographie évoque les différents aspects de la carrière de cet homme dont l'itinéraire, consacré à l'émancipation de l'Afrique, révèle une énergie et une passion d'une extrême richesse. Militant de toujours, il a su mettre à profit son statut d'intellectuel pour diverses causes, de l'histoire à la politique, sans omettre le développement de son continent. Néanmoins, à la différence des Cheikh Anta Diop, Aimé Césaire ou encore Léopold Senghor, sa notoriété dépasse peu le cercle des spécialistes et connaisseurs de l'Afrique. A nous de

---

1 La colonie de Haute-Volta a acquis son indépendance le 5 août 1960.

2 La « vague » des indépendances s'est produite en 1960 pour la grande majorité des ex-colonies d'A.O.F.

3 Manière très répandue de qualifier Joseph Ki-Zerbo au Burkina-Faso.

présenter au mieux les diverses facettes de l'homme dans le mémoire qui suit.

Aborder la vie de Joseph Ki-Zerbo, figure de l'Afrique francophone du 20ème siècle, revêt, d'un point de vue méthodologique, divers aspects qu'il convient d'éclairer en introduction. D'abord, le qualificatif d'intellectuel appelle certains éclaircissements. En effet, l'intellectuel africain est difficilement assimilable à son homologue français ou occidental. Il est ainsi nécessaire de peser les aléas de la difficile condition des intellectuels en Afrique. Enfin, plus globalement, l'étude d'un acteur important de l'Afrique contemporaine est à mettre en valeur dans le contexte historiographique particulier de cette région du monde. De fait, l'histoire de l'Afrique est peu traitée au sein de l'université française[4] et, au moment d'entamer le parcours d'un historien du continent, il est primordial de donner au lecteur quelques pistes d'une historiographie méconnue.

Nous devons donc présenter Joseph Ki-Zerbo, l'intellectuel, et souligner les éléments qui nous conduisent, de fait, à le classer parmi ces figures intellectuelles, en tant qu' *« homme du culturel, créateur ou médiateur, mis en situation d'homme du politique, producteur ou consommateur d'idéologie*[5] *»*. Les personnages de cette nature ont existé de tout temps. On en retrouve l'origine chez les sophistes de la Grèce antique[6]. La définition contemporaine qui nous intéresse est née de l'engagement d'Emile Zola au cours de l'affaire Dreyfus et son fameux article *J'accuse*[7]. On peut alors déjà envisager un aspect de la définition qui est l'engagement personnel de l'intellectuel au service d'une cause qu'il

---

4 Voir Coquery-Vidrovitch C., « Plaidoyer pour l'histoire du monde dans l'université française », *Vingtième siècle*, n° 61, janv-mars 1999.

5 D'après Ory & Sirinelli, *Les intellectuels en France, de l'affaire Dreyfus à nos jours*, Paris, A. Colin, 1999.

6 D'après Chatelet, « Intellectuel et société » dans Encyclopédie Universalis.

7 Paru dans *l'Aurore* en 1898.

choisit de défendre[8]. Il prend parti en s'efforçant de dépasser les préjugés et intérêts partisans. Les intellectuels sont cependant souvent issus de tendances diverses puisqu'on parle d'intellectuel de gauche, de droite, communiste[9].

Un autre volet de la définition, à caractère plus sociologique, s'oriente vers la production, la diffusion et la réception de la culture dans la société : l'intellectuel est *« créateur et médiateur culturel*[10] *»*. On mesure ainsi sa contribution à l'écho que trouvent ses idées, ses prises de position dans une société. Son rôle est donc de s'engager, de prendre parti pour une cause à défendre, en s'efforçant de rester, dans l'idéal, le plus objectif, le plus éloigné de toute considération partisane. Les intellectuels sont *« des missionnaires de grands principes, dotés d'esprit critique*[11] *»*.

Si la définition de l'intellectuel proposée est valable pour les intellectuels « du Nord », il est plus délicat de l'appliquer dans la même perspective aux sociétés africaines. La revue mensuelle *Politique Africaine* aborde cette question dans un numéro spécial, « Les intellectuels africains[12] ». Dès l'avant-propos, Comi M. Toulabor évoque la spécificité de la situation africaine, lorsque l'on veut appréhender l'œuvre de ses intellectuels à travers le prisme de la définition unanimement reconnue et évoquée plus haut. Dans des termes parfois durs et pessimistes, les nombreux articles de cette publication s'attachent à démontrer que la définition de l'intellectuel, telle qu'on la connaît, ne peut s'appliquer que difficilement aux réalités

---

8 D'après Sirinelli, « Le hasard ou la nécessité, une histoire en chantier : l'histoire des intellectuels », *Vingtième siècle*, janv-mars 1986, p. 97.

9 *« Les idées ne se promènent pas toutes nues dans la rue »* comme le remarque Jacques Julliard, d'après Sirinelli, « Le hasard ou la nécessité, une histoire en chantier : l'histoire des intellectuels », *op. cit.*, p. 98.

10 D'après Sirinelli, *op. cit.*, p. 99.

11 *Idem.*

12 Voir *Politique Africaine*, « Les intellectuels africains », n° 51, octobre 1993.

africaines. L'activité des intellectuels africains semble bridée par trois éléments : le rapport au savoir, le rapport à la société et le rapport au pouvoir politique[13]. Elite occidentalisée dont la production écrite ne trouve que peu d'échos dans les sociétés minoritairement alphabétisées, l'intellectuel africain est presque « allogène » parmi les siens[14]. Il est vrai qu'en Afrique, seule une partie de la population, à dominante urbaine et instruite, est concernée par les débats intellectuels. D'autre part, ces élites africaines sont souvent en phase avec l'idéologie nationale et la propagande sur les thèmes récurrents du pouvoir ou encore du sous-développement[15]. Joseph Ki-Zerbo s'est toujours efforcé de contourner ces difficultés. Cependant, comment véhiculer au mieux des théories sur le développement, d'après un modèle occidental, dans des sociétés traditionnelles ? On en vient alors à évoquer « *une espèce mythique [...] pour certains en voie de disparition*[16] ». Certes les intellectuels africains ont des difficultés à exister mais leur seule issue est de persévérer pour ancrer peu à peu certaines réflexions dans des sociétés en essor.

Joseph Ki-Zerbo s'est engagé sans limite au service de l'émancipation de l'Afrique et pour l'amélioration de la situation globale de son pays. Cependant, tout homme engagé et médiateur culturel qu'il est, il doit œuvrer pour que ses idées imprègnent sa propre société sous peine de mener un combat stérile. Au final, malgré les problèmes de définition, nous nous attachons à démontrer dans le présent ouvrage que Joseph Ki-Zerbo, par sa notoriété, sa qualité d'historien, de professeur et d'homme politique, est une figure intellectuelle de l'Afrique contemporaine francophone.

---

13 D'après Comi M. Toulabor, « Avant-propos », *Politique Africaine*, *op. cit.*

14 *Idem.*

15 D'après F. Eboussi Boulaga, « L'intellectuel exotique », *Politique Africaine*, *op. cit.*

16 D'après M. Diouf, « Intellectuels visibles, intellectuels invisibles », *Politique Africaine*, *op. cit.*

Enfin, dans le contexte historiographique actuel, faisant la part belle à la « décolonisation de l'histoire[17] », étudier la vie du premier Africain agrégé d'histoire semble arriver à point nommé. En effet, l'élaboration de l'histoire du continent *« berceau de l'humanité[18] »* a longtemps été sujette à controverses. Au 19ème siècle, par les voix de Hegel ou de Victor Hugo, est érigé le paradigme de l'a-historicité de l'Afrique, sous le prétexte que l'histoire des peuples sans écriture est simplement impossible à faire[19]. Les courants historiques scientiste et méthodique ne considèrent alors que l'histoire élaborée d'après une analyse critique des sources écrites. Cependant, à la fin du 19ème siècle, alors que la colonisation en est à son stade le plus actif, la passion de certains explorateurs, militaires, missionnaires ou administrateurs coloniaux[20] les conduit à produire les premiers textes de nature historique sur les contrées et les peuples rencontrés. Certains commencent alors à mettre par écrit « la tradition » qu'ils recueillaient chez les griots[21], sans véritable approche méthodique mais avec le mérite d'éprouver une volonté de conservation des témoignages oraux. Le 20ème siècle voit se profiler l'institutionnalisation de l'histoire des mondes non européens avec la création de la chaire d'histoire coloniale

---

17 Voir par exemple Dulucq S. et Zytnicki C. (dir.), *Décoloniser l'histoire ? De l'histoire coloniale aux histoires nationales en Amérique latine et en Afrique, 19ème et 20ème siècles*, Saint-Denis, Société française d'Outre Mer, 2003.

18 Thème récurrent pour justifier la grandeur passée de l'Afrique dans les écrits de Cheik Anta Diop ou de Joseph Ki-Zerbo lui-même.

19 D'après S. Dulucq, « Ecrire l'histoire de l'Afrique au sud du Sahara : un bilan historiographique (19ème-20ème) », texte inédit. De très nombreux éléments de cet article nous ont permis d'envisager les différentes phases de l'évolution historiographique de l'histoire africaine contemporaine.

20 D'après Moniot H., « L'histoire des peuples sans histoire » dans Le Goff J. & Nora P., *Faire de l'histoire: nouveaux problèmes (t.1)*, Paris, Gallimard, 1974.

21 Les griots sont les conteurs qui lors de fêtes ou de veillées rapportent les faits illustres des ancêtres, détenant par là des éléments du passé transmis de génération en génération, en Afrique de l'Ouest.

à la Sorbonne[22] ou encore de la Société des africanistes[23]. Néanmoins, l'étude de l'Afrique et de son passé est largement accaparée par d'autres disciplines comme la géographie, la linguistique ou l'ethnologie qui en fait sa spécialité.

Ainsi, jusque dans les années 1950, l'histoire de l'Afrique est quasi-exclusivement produite par des Européens[24]. On peut toutefois trouver des exceptions[25] en la personne d' Antoine Dim Delobsom[26] qui produit deux ouvrages historico-ethnographiques[27] dans la première moitié du 20ème siècle. A l'époque charnière de la moitié de ce siècle, les sources orales, déjà utilisées auparavant, commencent à être acceptées par les historiens professionnels[28]. Des conférences ont lieu[29] tandis que de grandes figures du monde noir apparaissent avec les Senghor, Césaire ou Cheik Anta Diop, lequel proclame haut et fort la richesse de la civilisation africaine antique à travers l'exemple de l'Egypte pharaonique. Ainsi, alors qu'il est de plus en plus unanimement reconnu que l'histoire de l'Afrique est possible[30] avec l'apport de nouvelles sources, Joseph Ki-Zerbo, agrégé d'histoire dans les années 1950, s'attelle à la tâche d'écrire une histoire générale de l'Afrique noire

---

22 Fondée en 1905 et occupée alors par Prosper Cultru.

23 Créée en 1930.

24 On peut citer l'auteur Maurice Delafosse et son ouvrage *Haut-Sénégal – Niger* paru en 1912.

25 Voir à ce sujet l'article de A. Piriou, « Intellectuels colonisés et écriture de l'histoire en Afrique de l'Ouest (c.1920-c.1945) » dans Dulucq S. et Zytnicki C. (dir.), *Décoloniser l'histoire ?..., op. cit.*

26 Auteur voltaïque (1897-1940).

27 Dim Delobsom, *L'Empire du Mogho Naba, Mœurs et coutumes des Mossis*, Paris, Domat-Monchrestien, 1932.

28 Parution de l'ouvrage pionnier, référence en la matière, de J. Vansina, *De la tradition orale* en 1961.

29 Londres (1957-1961), Salisbury (1960) et Dakar (1961).

30 Voir Brunschwig H., « Une histoire de l'Afrique noire est-elle possible? » in *Mélanges en l'honneur de Fernand Braudel. Méthodologie de l'histoire et des sciences humaines*, Privat, 1973, pp. 275-281.

depuis les origines[31]. Si des ouvrages collectifs ont déjà été réalisés dans les années 1920-1930, c'est la première monographie francophone sur le passé de l'Afrique subsaharienne émanant d'un historien africain (1972). L'historiographie africaine est alors dans sa phase dite de « décolonisation », prenant le contre-pied d'une histoire trop longtemps européocentriste[32]. Par son écrit majeur et sa participation à un autre grand projet[33] en tant que spécialiste de la méthodologie de l'histoire africaine, Joseph Ki-Zerbo se situe au cœur de l'évolution historiographique du continent noir dans la deuxième moitié du 20ème siècle.

Nous avons choisi d'étudier l'essentiel de son parcours, de sa naissance en 1922 au milieu des années 1990. Si le choix du début de sa vie semble sans équivoque, le choix du milieu des années 1990 s'est opéré en tenant compte de divers éléments. Coïncidant avec la fin de son exil politique, ce moment constitue un nouveau départ pour Joseph Ki-Zerbo dans ses activités au Burkina-Faso.

Pour éclairer le sentier sur lequel nous nous sommes engagés, nous devons nous attarder un instant sur les controverses qui entourent cette approche caractéristique de l'histoire qu'est la biographie. Héritière des hagiographies du Moyen-Age et de quelques œuvres de l'Antiquité[34], la biographie devient un véritable « genre » au 19ème siècle[35]. Elle est alors principalement le domaine des écrivains et s'inscrit dans l'histoire littéraire et « romantique » du début de ce siècle. L'évolution

---

31 Ki-Zerbo J., *Histoire de l'Afrique noire, d'hier à demain*, Paris, Hatier, 1972.

32 Voir Caroline Neale, "The idea of progress in the revision of African history, 1960-1970" dans Jewsiewicki B. & Newbury D. (ed.), *African Historiographies. What History for Which Africa ?*, Londres, Sage, 1986, pp. 112-122.

33 Il s'agit du projet de l'U.N.E.S.C.O., dans les années 1970, qui aboutit en 1980.

34 Par exemple, *Les Vies parallèles* de Plutarque.

35 D'après Philippe Levillain, « Les protagonistes de la biographie » dans Rémond R., *Pour une histoire politique*, Paris, Editions du Seuil, 1988.

historiographique[36], au tournant du 20ème siècle, amène la condamnation de ces « histoires de vie », le côté littéraire rebutant de nombreux historiens qui dénoncent les insuffisances méthodologiques d'un genre situé aux frontières de la littérature et de l'histoire[37]. Peu après, c'est l'histoire des *Annales*[38] qui participe à ce dénigrement en encourageant l'histoire dite totale, économique et sociale, préférant l'histoire des masses à l'étude des personnages. La biographie tombe donc « officiellement »[39] dans le discrédit au lendemain de la 2ème guerre mondiale, au moment où les historiens posent le débat entre biographie et histoire. Pourtant, après cette période d'« excommunication », le genre est réhabilité dès la fin des années soixante-dix[40]. Il le doit à une évolution qui l'a vu prendre en compte les nouvelles tendances historiographiques[41]. Ainsi, l'étude d'un personnage doit être intégrée dans son milieu[42], dans le contexte politique, culturel et social auquel il est forcément lié. La nouvelle biographie est donc un *« va-et-vient entre l'individuel et le collectif*[43] ». Finies les « petites histoires », la biographie s'insère dans la « Nouvelle Histoire[44] » en y intégrant les « Forces Profondes[45] » et devient une manière d'écrire

---

36 Les courants historiographiques scientiste puis méthodique s'imposent à ce moment-là.

37 Critiques de J. Le Goff et P. Nora dans *Faire de l'histoire* publié en 1974.

38 Courant historiographique qui s'impose à la fin des années 1920.

39 Elle était « officieusement » délaissée depuis un demi-siècle déjà.

40 D'après Philippe Levillain, *op.cit.*

41 En atteste la tenue d'un colloque en mai 1985, *Problèmes et méthodes de la biographie*, donnant lieu à une publication.

42 D'après J.-M. Bizière et P. Vayssière, *Histoire et historiens*, Paris, Hachette, 1995.

43 Expression de J.-P. Rioux.

44 Ce courant historique, officialisé en 1978 avec l'ouvrage de J. Le Goff, est constitué au sein même des *Annales*, tout en adoptant une nouvelle approche.

45 Terme consacrant la sociologie de l'histoire, selon laquelle l'homme est le produit d'une société et de ses structures.

l'histoire à nouveau reconnue. Il nous est donné, maintenant, de construire la biographie d'un homme qui est, de toute évidence, façonné par la période riche d'espoirs, de perspectives mais aussi de déception dans laquelle lui et l'Afrique décolonisée grandirent.

Ecrire une biographie de Joseph Ki-Zerbo aboutit à montrer la multiplicité des facettes, des hasards, des choix mais aussi des contradictions et des erreurs qui ont caractérisé son parcours. Sa personnalité révèle, au final, une alchimie complexe, parfois ambiguë entre l'historien, l'homme du culturel, l'intellectuel désireux de progrès et d'insertion dans le monde « mondialisé » et l'homme séduit dès ses jeunes années par l'activité politique. Alors, il est opportun de préciser qu'une telle étude conduit à de nombreux revirements dans son interprétation, de même qu'il peut, aveuglément, présenter un tableau hagiographique du personnage auquel il risque de s'identifier. Toutefois, nous nous attacherons à analyser ici comment, avec des réussites et des échecs, Joseph Ki-Zerbo, historien, homme politique, bref, intellectuel africain, a contribué à enrichir politiquement et culturellement les débats sur la place de l'Afrique indépendante dans le monde. En analysant les différents volets de son action, nous verrons ainsi les réussites et les échecs dont il fut témoin ou acteur.

Nous avons opté pour un plan à la fois chronologique et thématique. Il semblait inévitable de scinder son œuvre d'historien et d'intellectuel de son engagement politique, tout en traitant chaque volet chronologiquement. De plus, cette distinction répond respectivement à une action internationale et à une carrière locale.

Dans un premier temps, nous nous attacherons à la formation de Joseph Ki-Zerbo, de l'école missionnaire à l'obtention du diplôme de l'institut d'études politiques et l'agrégation d'histoire. L'étude du début de la vie de Joseph Ki-Zerbo permet d'entrevoir les ferments de la lutte contre l'ordre établi dans lequel il évolue. Son séjour en France, pour ses études supérieures, révèle une élite décidée à user de ce statut pour peser, dès ses années étudiantes, dans le milieu syndical, prémices des luttes politiques ultérieures.

Une deuxième partie montrera Joseph Ki-Zerbo militant, dans le volet de sa carrière qui, semble-t-il, lui a tenu le plus à cœur, l'action politique. Parti avec un idéal d'unité africaine, il doit en rester à regret à un combat local, dans son pays. Ses luttes ont façonné l'histoire intérieure de la Haute-Volta devenue Burkina-Faso. De toute évidence, la nation lui doit beaucoup pour ses prises de positions inlassables contre le système de l'Etat post-colonial tout puissant, gouvernant seul, écrasant le peuple. Malgré quelques épisodes ambigus, l'action politique de Joseph Ki-Zerbo est un exemple d'opposition inlassable.

Nous envisagerons enfin la mission qu'il s'est donnée, à travers son statut d'intellectuel, pour la « désaliénation » de l'Afrique. D'abord, son œuvre d'historien est le premier axe d'une lutte pour promouvoir son continent et lui assurer une reconnaissance à l'échelle internationale. Ce choix de l'histoire lui semble alors primordial pour révéler l'Afrique aux yeux du grand public. Il a également poursuivi son dessein en participant activement aux institutions de l'U.N.E.S.C.O., en tant qu'historien et également comme intellectuel africain, par sa notoriété et sa compétence dans les domaines de l'éducation et du développement.

Première partie

Les jeunes années d'un étudiant voltaïque brillant (1922-1958)

Chapitre 1 - Du jeune paysan à l'agrégé d'histoire

1. Des origines modestes

Joseph Ki-Zerbo est né le 21 juin 1922, à Toma, village du cercle[46] de Tougan, en Haute-Volta, une colonie de l'Afrique Occidentale Française, l'A.O.F.[47]. Cette région se situe dans la boucle intérieure du fleuve Niger, au sud de la falaise de Bandiagara, à environ un millier de kilomètres au Nord du golfe de Guinée. En zone sahélienne, cette contrée est cependant irriguée par le Mouhoun, qui rejoint le Sourou dans la vallée du même nom. On y exerce ainsi de nombreuses activités maraîchères et piscicoles de même qu'on y cultive du coton[48]. Originaire de l'ethnie san, Joseph Ki-Zerbo est un *Samo* ou *Samogo*[49] d'après la dénomination par les peuples voisins. Le groupe san peut être rattaché au groupe mandingue, qui regroupe la plupart des ethnies de la boucle intérieure du Niger. Il serait installé dans cette région depuis le 14ème siècle. Bien qu'enclavés entre les pays senoufo, bobo et mossi[50] et malgré leur petit nombre, les Samos ont toujours préservé leur identité[51]. Ils sont connus, à l'instar de nombreux

46 Nom de la circonscription administrative coloniale de base.

47 L'A.O.F. était la fédération qui regroupa de 1895 à 1960 les colonies du Sénégal, de la Mauritanie, du Soudan, de la Haute-Volta, de la Guinée (jusqu'en 1958), du Niger, de la Côte d'Ivoire et du Dahomey.

48 Voir la carte du Burkina-Faso, ex Haute-Volta, p. 146.

49 San-Mogo, mogo signifiant homme en bambara, d'après de Benoist J.-R., *Eglise et pouvoir colonial au Soudan français*, Paris, Karthala, 1987, p. 6.

50 L'ethnie mossie est l'ethnie majoritaire en Haute-Volta.

51 D'après Bâ Amadou Hampâté, *Oui, mon commandant*, Mémoires, t. 2, Arles, Actes Sud, 1994, p. 337. Amadou Hampâté Bâ, grand personnage de l'Afrique du 20ème siècle, a participé à la collecte de traditions orales en diverses zones de l'Afrique de l'Ouest. Au début de sa carrière commis subdivisionnaire de l'administration coloniale, il occupe divers postes dans la Haute-Volta coloniale et notamment dans le cercle de Tougan à la fin des années 1920. Il profitait de chacune de

peuples, « *pour leur entêtement et leur endurance à la souffrance*[52] ». Aussi, défendant bec et ongles leurs terres, ils ont gagné la réputation d'archers redoutables[53]. Seuls les Toucouleurs de Bandiagara, à la fin du 19ème siècle, sont parvenus à contester leur territoire avant que les Français, à l'aube du 20ème siècle, ne se l'octroient[54]. La conquête coloniale du pays san fut brutale et sanglante, à la mesure de la résistance farouche des combattants samos[55]. Ils n'ont ainsi pas usurpé leur réputation de guerriers « *frondeurs et turbulents, indomptables mais sentimentaux*[56] ». Cette indiscipline se caractérise aussi par des querelles intestines, entre villages, ce qui n'est pas rare, même pendant la période coloniale[57]. Joseph Ki-Zerbo est donc issu de cette ethnie qui, selon les règles burkinabés de la fameuse « parenté à plaisanterie », entretient des relations de « maître à esclave » avec ses frères, les Mossis[58]. Dans la langue des Samos, le nom Ki-Zerbo signifie éclaireur, guide[59].

Sa mère, Thérèse Folo Ki, était la deuxième femme du père de Joseph, sa première femme étant décédée en 1913. Nous disposons de peu d'informations sur elle si ce n'est qu'il est son deuxième enfant. A l'inverse, la vie de son père est largement connue à travers l'ouvrage biographique que son fils lui a consacré. Ce document,

---

ses mutations pour approfondir sa connaissance des peuples et des traditions. Dans ses mémoires, il relate ses expériences et dresse au final un tableau riche et authentique de l'Afrique coloniale.

52 D'après Bâ A. H., *Oui, mon commandant*, *op. cit.*, p. 353.

53 D'après Ki-Zerbo J., *Alfred Diban, premier chrétien de Haute-Volta*, Paris, Editions du Cerf, 1983, p. 23. Voir la couverture, annexes, p. 147.

54 D'après Bâ A. H., *op. cit.*, p. 337.

55 D'après Ki-Zerbo J., *Alfred Diban, ...*, *op. cit.*, p. 25.

56 D'après Bâ A. H., *op. cit.*, p. 434.

57 D'après Ki-Zerbo J., *Alfred Diban, ...*, *op. cit.*, p. 23 et Bâ A. H., *op. cit.*, p. 357.

58 Tout dépend de quel côté on se place, soit les Samos sont les esclaves des Mossis, soit l'inverse.

59 *Ki* signifie chef, *Zerbo* (*zéré bô*) signifie choisir le chemin, d'après Ki-Zerbo J., *Alfred Diban, ..*, *op. cit.*, p. 25.

témoignant d'une existence hors du commun, est paru en 1983 sous le titre *Alfred Diban, premier chrétien de Haute-Volta*. Il a été réalisé d'après de nombreux témoignages oraux d'Alfred Diban Ki-Zerbo lui-même, réunis et recoupés par son illustre fils. Ainsi, devons-nous nous arrêter un instant sur la vie de cet homme dont le parcours a guidé l'itinéraire de Joseph Ki-Zerbo pendant de longues années.

2. L'exemple de son père, premier chrétien de Haute-Volta

Alfred Diban Ki-Zerbo est né vers 1875 à Da, non loin de Toma, dans le pays san encore autonome et préservé de l'invasion des « Blancs ». Dans ce *« village de paysans et guerriers valeureux*[60] », il passe son jeune âge à garder le troupeau familial. Quelques années plus tard, alors qu'il est jeune homme et travaille dans les champs paternels, il assiste impuissant à la pénétration française et à la mise en place brutale et autoritaire de l'ordre colonial. Peu après, un jour anodin, alors qu'il est au champ, il est enlevé et amené au marché de Kabara, en bordure du fleuve Niger[61]. Là-bas, on l'échange contre un troupeau de bœufs et il est enrôlé dans une famille, au Soudan français[62]. Après une captivité douloureuse et insoutenable, il parvient non sans mal à échapper à ses maîtres et à regagner la rive du fleuve. Alors qu'il est poursuivit, il doit son salut à des missionnaires catholiques français, les Pères Blancs, qui le recueillent sur les rives du Niger[63]. Ces derniers l'amènent dans une mission catholique du Soudan où, malgré ses réticences, ils l'initient à la religion catholique. Très vite, Alfred prend à cœur l'enseignement des Pères et choisit alors de servir ses maîtres ainsi que la mission en devenant catéchiste[64]. Cet épisode est caractéristique de l'action des

---

60 D'après Ki-Zerbo J., *Alfred Diban, ..., op. cit.*, p. 24.

61 *Idem*, p. 28.

62 Devenu le Mali depuis la décolonisation.

63 D'après Ki-Zerbo J., *Alfred Diban, ..., op. cit.*, p. 39.

64 *Idem*, p. 42. Sa qualité de catéchiste lui permet de se marier et de fonder une famille tout en continuant à servir la religion catholique.

missionnaires. Ceux-ci, profitant de la conquête européenne, veulent se relancer en Afrique[65]. Leur objectif de départ est d'évangéliser les populations rencontrées mais surtout, dans une optique moralisatrice, de *« déclarer la guerre à l'esclavage qui décime les populations africaines*[66] *»*.

Fort de l'éducation missionnaire, Alfred Diban Ki-Zerbo est envoyé pour fonder la première Eglise de Haute-Volta, à Koupéla[67]. Peu après, dès 1913, il participe à la fondation de l'Eglise de Toma, dans son cher pays san[68]. C'est à cette époque qu'il se marie avec Thérèse, la mère de Joseph. Il mène une vie pieuse, dévouée à la religion catholique et occupée à l'éducation de nombreux fidèles. La mission des Pères Blancs de Toma est alors connue pour exercer une grande influence dans la région, une réputation qui gagne toute la Haute-Volta[69]. De fait, conformément à la volonté des missions catholiques d'A.O.F., elle doit préserver le pays san de l'intrusion des marabouts, propagateurs de la religion musulmane. En outre, l'implantation de l'Eglise de Toma a toujours été souhaitée par les autorités coloniales, qui travaillaient en relation avec les missionnaires, pour *« faciliter la soumission des Samos*[70] *»*, réputés récalcitrants, comme nous l'avons vu.

Alfred Diban Ki-Zerbo a vécu longtemps. Son existence est couronnée, en 1975, par une visite à Rome, symbole de l'Eglise catholique. Son fils Joseph organise le voyage et obtient même un rendez-vous avec le pape Paul VI[71]. Son émotion est immense et, comme un signe, il rend l'âme,

---

65 En effet, les instances catholiques sont de plus en plus marginalisées en métropole avec les républicains qui s'installent durablement au pouvoir fin 19ème, ce qui conduit en 1904 à la séparation de l'Eglise et de l'Etat.

66 D'après de Benoist J.-R., *Eglise et pouvoir colonial..., op. cit.*, introduction.

67 A l'Est de Ouagadougou.

68 D'après Ki-Zerbo J., *Alfred Diban, ..., op. cit.*, p. 48.

69 D'après Bâ A. H., *op. cit.*, p. 339.

70 D'après de Benoist J.-R., *Eglise et pouvoir colonial..., op. cit.*, p. 80.

71 D'après Ki-Zerbo J., *Alfred Diban, ..., op. cit.*, p. 62.

quelques années plus tard, lors de la visite du pape Jean-Paul II à Ouagadougou, le 10 mai 1980. Il a alors plus de cent ans et laisse derrière lui une vie d'une extrême richesse.

Du récit de la vie du père de Joseph Ki-Zerbo se dégagent une émotion et une passion qui ne peuvent laisser le lecteur indifférent. Joseph Ki-Zerbo a eu près de lui un père qui lui a donné le modèle d'une vie laborieuse et exemplaire. Aussi, il a hérité de lui une forte croyance en Dieu. Sa foi l'a guidé et lui a donné la force de surmonter bien des obstacles tout au long de sa vie. En outre, il s'est toujours félicité d'avoir eu de tout temps son père et sa mère à ses côtés, créant un équilibre indispensable pour devenir adulte[72]. Sa mère, une vingtaine d'années plus jeune que son mari, décède dans les années 1980.

Le jeune Joseph a ainsi passé ses premières années à Toma, bien encadré par ses parents, dans ce village où il s'adonne avec les autres enfants aux activités de la brousse africaine, cueillette, pêche, garde du troupeau familial, ... A l'âge de onze ans, il est sélectionné pour l'école missionnaire des Pères Blancs[73], celle même fondée par son père, où il reste jusqu'en 1940, à l'âge de dix-huit ans. A l'âge de la majorité, ses parents le poussent au mariage mais il préfère attendre, persuadé qu'en se cultivant, en poursuivant des études, il parviendrait à quelque chose[74]. Ses parents ne le contrarient pas, montrant là un signe d'ouverture d'esprit certain malgré le poids de la tradition, encore primordial à cette époque et toujours présent de nos jours.

3. Vers un avenir prometteur (1940-1949)

Il part à Dakar, capitale de la colonie du Sénégal, au début des années 1940. Sans soutien financier, il doit trouver des petits boulots pour vivre et mener à bien son vœu le plus cher : poursuivre ses études. Il est ainsi

---

72 D'après l'entretien entre Joseph Ki-Zerbo et Jacques Chancel dans l'émission Radioscopie, France Inter, 06 juin 1973.

73 *Idem.*

74 *Ibid.*

employé aux chemins de fer de Dakar ou encore moniteur dans une école primaire puis instituteur dans une école normale, faisant valoir déjà ses compétences en matière d'enseignement.

L'année 1947 le voit participer à la fondation du journal *Afrique Nouvelle* pour lequel il écrit quelques articles, manifestant déjà un goût certain pour l'écriture. Cet hebdomadaire est édité par les missions catholiques de l'Afrique Occidentale Française et dirigé par le Père Paternot[75]. Joseph Ki-Zerbo signe un article en une du premier numéro, publié le 15 juin 1947. Il y exprime, sous le titre « Afrique Nouvelle ! », un farouche sentiment anticolonialiste : *« Il faut bâtir le nouveau domaine d'Afrique, d'où soit excommunié l'esprit des négriers d'antan et de leurs héritiers modernes et où fleurisse et chante une saine culture faite de compréhension cordiale et de mesure*[76] *»*. L'éditorial, « Notre idéal et notre but », souligne la volonté de donner à la presse africaine une dimension spiritualiste, trop longtemps ignorée jusqu'à la création d'*Afrique nouvelle.* Cette publication se propose ainsi de porter un jugement nouveau sur les événements important dont l'Afrique Occidentale Française est le théâtre, un jugement *« qui s'élève au-dessus de tous les partis politiques et qui donne à tous les problèmes de la vie des peuples des solutions de vraie justice dans la charité et la liberté*[77] *»*. Très vite, la liberté d'expression du journal, initiée par Joseph Ki-Zerbo et les fondateurs, attire les foudres des autorités coloniales qui tentent de le faire taire[78]. Néanmoins, bénéficiant d'un grand soutien, *Afrique Nouvelle* continue à paraître et à donner une tribune à de nombreux dirigeants sur les sujets les plus brûlants[79].

Joseph Ki-Zerbo profite de son séjour à Dakar pour passer avec succès l'examen du brevet élémentaire. Il

---

75 D'après de Benoist J.-R., *op. cit.*, p. 148.

76 D'après Ki-Zerbo J., « Afrique Nouvelle ! », *Afrique Nouvelle*, n° 1, 15 juin 1947, annexes, p. 148.

77 D'après *Afrique Nouvelle*, n° 1, *op. cit.*

78 D'après de Benoist J.-R., *op. cit.*, p. 148.

79 *Idem.*

décide l'année suivante de préparer le baccalauréat en tant que candidat libre. Inscrit à Dakar et Bamako, c'est finalement au Soudan français, futur Mali, qu'il passe l'examen. Nous sommes en 1949, il obtient le baccalauréat avec la mention assez bien. Remarquons que Joseph Ki-Zerbo, après l'école missionnaire, choisit de passer l'examen phare qui couronne les études secondaires. Les élites de l'époque ont plutôt tendance à tenter le concours d'entrée à l'Ecole Normale William-Ponty. Cette dernière, établissement prestigieux de l'école coloniale française, donne à ses promotionnaires, les « évolués », d'importantes fonctions administratives, presque à l'égal des colons. Il opte ainsi, conformément aux convictions qu'il affiche sous sa plume, pour une voie libre et indépendante, convaincu que l'avenir doit s'appréhender sans la puissance coloniale.

L'épisode de Bamako mérite une attention particulière. C'est en effet là que Joseph Ki-Zerbo rencontre Jacqueline Coulibaly, sa future femme. Alors que Joseph prépare son baccalauréat, il est en même temps surveillant au lycée Terrason de Fougères. Déjà loué pour sa verve intellectuelle, il fait l'admiration d'une certaine Jacqueline Gateau, enseignante française d'histoire et de géographie, qui n'hésite pas à vanter les mérites du jeune étudiant devant ses élèves. Jacqueline Coulibaly, alors élève en classe de troisième dans ce lycée, est séduite par la description du jeune homme. Elle fait rapidement la connaissance de Joseph Ki[80] et tous deux partagent une passion et un engagement communs pour l'Afrique, une passion qui les guidera loin[81].

Citons à ce sujet les mots d'Alfred Diban, père de Joseph : « *Quant à mon fils Joseph, il avait épousé Jacqueline Coulibaly du Mali, descendante des rois Massasi de Ségou. Je m'émerveillai de la coïncidence de nom avec celui de ma première femme, Louise. Et nous eûmes la joie profonde de recevoir chez nous, à Toma, le*

80 Il n'avait pas encore rétabli le patronyme Ki-Zerbo.

81 D'après un entretien avec Jaqueline Ki-Zerbo dans *24 Heures*, journal burkinabé, vendredi 2 mars 2001.

père de Jacqueline, Lazare Coulibaly, un leader syndical intrépide, un lutteur qui ne pouvait tolérer l'exploitation des travailleurs pauvres et qui, à ce titre, fut brimé et emprisonné par le pouvoir colonial. Soixante-dix ans après, la présence de Lazare me ramenait, comme par un reflux extraordinaire des souvenirs, les images de ma libération et de mes premiers pas dans la foi[82] *»*.

Joseph et Jacqueline se marient le 20 décembre 1956 à Paris. Ils sont les parents de cinq enfants, trois garçons et deux filles.

4. L' étudiant parisien brillant (1949-1958)

Joseph Ki-Zerbo, nanti du baccalauréat, bénéficie d'une bourse d'études lui permettant d'aller étudier en France. A l'aube des années 1950, en l'absence d'établissement d'enseignement supérieur en A.O.F., les titulaires du baccalauréat peuvent poursuivre des études supérieures uniquement dans les universités de la métropole coloniale, en l'occurrence la France. Tandis que les structures secondaires d'A.O.F. comptent cinq établissements au début des années 1950, dont deux situés au Sénégal, l'enseignement supérieur inaugure son premier établissement le 6 avril 1950 avec l'Institut des Hautes Etudes de Dakar[83]. Le second centre universitaire d'A.O.F. est créé à Abidjan en 1958. Cependant, le manque de structures ainsi que les problèmes de qualification des enseignants du secondaire et qui plus est du supérieur ont conduit à un éclatement du nombre de bourses octroyées. Dans les années 1950, on compte environ 10% d'élèves d'Afrique subsaharienne qui vont étudier en France.

Joseph Ki-Zerbo choisit d'étudier l'histoire. Ce choix est conditionné par plusieurs éléments. D'abord, son père, homme de mémoire, lui a transmis cette passion. À travers sa condition de premier chrétien de Haute-Volta et par les nombreux récits traditionnels qu'il aimait raconter, il a

---

82 D'après Ki-Zerbo J., *Alfred Diban, ..., op. cit.*, p. 60.

83 D'après Guimont F., *Les étudiants africains en France : 1950-1965*, Paris-Montréal, L'Harmattan, 1998, pp. 19-95.

donné à son fils le goût du passé[84]. Il est également influencé par ses « aînés » que sont Aimé Césaire, Léopold Sédar Senghor ou encore René Depestre[85]. Joseph Ki-Zerbo a trouvé dans les écrits de ces grands personnages *« un regard alternatif sur l'Afrique[86] »*, une autre façon d'aborder le continent que celle qui prévalait à l'époque coloniale. Enfin, Joseph Ki-Zerbo ressent le besoin de retrouver ses racines et décide d'approfondir l'histoire qui, selon ses propres termes, *« est une discipline formatrice de l'esprit parce qu'elle vous apprend à raisonner dans la logique et au-delà de la science par la conscience[87] »*.

Joseph Ki-Zerbo est admis à la Sorbonne, dans la section Histoire, en 1949. Il se jette *« corps et âme dans les études, avec passion, profitant au maximum de la chance très rare qui lui est donnée d'être disciple de grands maîtres de la science historique et politique comme Pierre Renouvin, André Aymard, Fernand Braudel, Raymond Aron et d'autres[88] »*. Son parcours est brillant, couronné par la licence en 1952, après le succès à l'examen propédeutique en 1950[89]. Le jeune licencié est alors admis à l'I.E.P., Institut d'Etudes Politiques, de Paris la même année, en 1952. Tout en préparant le diplôme, il soutient son diplôme d'études supérieures[90] d'histoire sur *La pénétration française dans les territoires de la Haute-Volta*, en 1953. L'année suivante, il sort diplômé de l'I.E.P. de Paris.

Il hésite alors un temps entre la préparation à l'E.N.A. et l'agrégation d'histoire[91]. Son choix se porte sur l'agrégation

---

84 D'après l'entretien de Joseph Ki-Zerbo avec René Holenstein dans Ki-Zerbo J., *A quand l'Afrique ?*, La Tour d'Aigues, Editions de l'Aube, 2003, p. 11. Voir la couverture, p. 149.

85 *Idem*, p. 11.

86 *Ibid.*

87 *Ibid.*

88 *Ibid.*, p. 13.

89 Examen sanctionnant la réussite à la première année d'études dans les facultés de lettres entre 1948 et 1966.

90 Le D.E.S., Diplôme d'Etudes Supérieures, est l'équivalent de l'actuelle maîtrise.

91 D'après l'entretien avec Jacques Chancel, *op. cit.*

d'histoire, qui constitue à ses yeux le meilleur moyen d'acquérir une connaissance approfondie du passé de l'Afrique, qu'il souhaite appliquer au présent[92]. Il réussit au diplôme de l'agrégation d'histoire en 1956, devenant ainsi le premier africain agrégé dans cette discipline[93]. En parallèle, pendant les deux années de préparation du concours, il enseigne respectivement à Fontainebleau et au lycée Buffon à Paris. L'étudiant voltaïque devient donc, en quelques années, professeur et historien. Son séjour parisien joue un rôle déterminant dans le déroulement de sa carrière. Il conditionne à plusieurs niveaux la suite de son parcours, faisant de lui indissociablement un intellectuel et un militant.

---

92 *Idem.*

93 D'après Ki-Zerbo J., *A quand l'Afrique ?*, *op. cit.*, p. 10.

Chapitre 2 : Le microcosme africain à Paris (années 1950)

1. Sur les traces des figures de la « négritude »

Joseph Ki-Zerbo prend une part active dans le monde intellectuel africain de la capitale. Il prend position sur les grandes idées qui agitent ce milieu et, très vite, il s'implique dans les structures associatives et politiques, prouvant là son envie de participer aux changements en cours. L'étudiant arrive à Paris en 1949. Il se retrouve mêlé à la minorité étudiante africaine présente dans la capitale française depuis les années 1930. Sans le savoir, il aborde une période décisive. Il est ainsi témoin et acteur des évolutions politiques majeures qui marquent l'histoire de l'Afrique contemporaine dans les années 1950, une décennie clé dans l'évolution ultérieure du continent.

De la centaine d'étudiants africains présents en France dans ces années d'entre-deux-guerres ont émergé de grandes figures telles Léopold Sédar Senghor, Alioune Diop ou encore Cheik Anta Diop. Senghor et le Martiniquais Aimé Césaire créeront le mouvement de la négritude. Ce concept est alors destiné à promouvoir le patrimoine culturel, les valeurs et l'esprit de la civilisation négro-africaine à l'heure où cette dernière est dominée sur tous ces aspects et, plus encore, considérée en retard[94]. Elaboré par nos deux hommes au milieu des années 1930[95], le mot négritude apparaît pour la première fois dans le *Cahier d'un retour au pays natal* d'Aimé Césaire, paru en 1939. Il résonne incontestablement comme une volonté de revanche, un cri de désespoir d'une génération écœurée par les préjugés ancrés dans les mentalités françaises conditionnées par l'idée répandue de la splendeur coloniale de la France. En effet, le contexte des

---

94 D'après Kesteloot Lilyan, *Histoire de la littérature négro-africaine*, Paris, Karthala, 2001, p. 106.

95 *Idem*, p. 105.

années 1930, symbolisé par la grande exposition coloniale de 1931, consacre l'idée que les peuples colonisés n'ont *« rien inventé, rien créé, rien écrit, ni sculpté, ni peint, ni chanté. Des danseurs ! Et encore...*[96] ». Si le terme de négritude *« fonctionne plus qu'il ne signifie*[97] », il constitue néanmoins un instrument de respect et de dignité des peuples noirs au regard d'un Occident condescendant, sûr de ses valeurs et de sa force.

Joseph Ki-Zerbo, quant à lui, exprime un point de vue évolutif sur ce concept de négritude. Par un regard renouvelé sur la question, il représente la nouvelle génération étudiante. Celle-ci veut exister sans être dans l'ombre de ses prédécesseurs tout en se conformant aux préoccupations de leur temps, nécessairement différentes. Ainsi, en référence au théoricien Aimé Césaire, Joseph Ki-Zerbo demande d'*« éviter le complexe [...] muséographique*[98] ». *« Il ne s'agit plus tellement de chanter la négritude mais d'agir, [...] il ne s'agit pas de célébrer nos valeurs passées mais de transformer notre propre moi collectif afin d'y trouver des raisons d'espérer*[99] ». N'en déplaise à la critique d'Oscar Pfouma[100] qui assimile le point de vue de Joseph Ki-Zerbo à un darwinisme dérivé teinté de littérature des lumières, sa vision se veut plutôt adaptée aux réalités et aux nécessités de son temps.

Il veut dépasser le terme de négritude en présentant l'idée d'authenticité. *« L'authenticité est plus ouverte que la négritude parce que, sans référence à la race, elle semble aussi plus jeune que la négritude [...] et en*

---

96 D'après les mots de Senghor dans Kestelloot L., *op. cit.*, p. 106.

97 D'après Hausser M., *Pour une poétique de la négritude*, tome 1, Paris, Silex éditions, 1988.

98 D'après Ki-Zerbo J., *Histoire de l'Afrique noire : d'hier à demain*, Paris, Hatier, 1972, p. 640.

99 *Idem*, p. 640.

100 Voir Pfouma Oscar, *Le Nègre de Vélasquez et le miroir de l'histoire*, Paris, Publisud, 1996, pp. 23-42.

constitue la matrice[101] ». Il expose que « *la négritude et l'authenticité doivent se dépasser et s'accomplir pour ne pas être simple révolte mais révolution*[102] ». Ainsi, pour ce faire, il explique que le concept cher à ses prédécesseurs a besoin de s'élargir dans l'espace « *en se donnant une base économique viable pour s'infrastructurer* » et de s'approfondir « *dans la dialectique des luttes de libération et à travers la solidarité concrète entre les exploités*[103] ». En somme, « *la négritude et l'authenticité [...] doivent s'investir dans la libération, le progrès et la justice pour le peuple*[104] ».

Il est indéniable que la pensée exprimée par Joseph Ki-Zerbo s'inscrit dans une vision concrète, motivée par une volonté de développement des peuples. On peut déjà y entrevoir le point de vue de l'intellectuel qui pose ses convictions mais aussi du militant, futur homme politique. D'un outil de reconnaissance des valeurs africaines, Joseph Ki-Zerbo veut élaborer un moyen d'évoluer et de grandir. D'une marque de reconnaissance de la civilisation noire dans le monde, il veut engendrer un élan unificateur et modernisateur de ladite civilisation. Déjà, il montre là ses convictions progressistes qui vont faire de lui un membre actif de cette génération d'étudiants africains qui succède aux « pionniers de la négritude ».

2. Le milieu associatif et militant

Ces étudiants évoluent pour la plupart au quartier latin, quartier étudiant par excellence, avec notamment la Sorbonne, université phare pour les étudiants en lettres. L'Office Central des Etudiants d'Outre-Mer s'occupe de leur situation administrative tandis que la cité universitaire internationale, boulevard Jourdan ou la

---

101 D'après *Appel pour le changement*, ouvrage anonyme supposé rédigé par Joseph Ki-Zerbo lui-même, p. 25. Voir annexes, p. 150.

102 *Idem*, p. 25.

103 *Ibid.*

104 *Ibid.*, p. 26.

Maison de l'A.O.F., boulevard Poniatowski[105], constituent leurs cadres de vie. Malheureusement, les problèmes financiers liés à l'insuffisance des bourses allouées par les colonies rendent la vie difficile à un certain nombre d'entre eux[106]. A l'aube des années 1950, on compte deux mille élèves et étudiants africains en France, quatre mille en 1952-53 et huit mille en 1959-60[107]. De plus, tous ne sont pas aidés par leur colonie. Pour les deux mille répertoriés en 1950, on dénombre seulement sept cent vingt bourses[108].

Joseph Ki-Zerbo se retrouve donc dans ce microcosme africain très actif sur les fronts politique, associatif et culturel. Il choisit alors sa voie, celle de la contestation ouverte contre la politique coloniale de la France. Il s'agit maintenant de s'arrêter sur les formes du militantisme de ces étudiants et de Joseph Ki-Zerbo en particulier. Le mouvement étudiant a donné naissance à plusieurs associations, créées selon des sensibilités partisanes ou religieuses. À l'aube des années 1950, on compte trois associations d'étudiants africains à Paris : l'A.G.E.A.P., Association Générale des Etudiants Africains à Paris, l'U.E.C.A., Union des Etudiants Catholiques Africains, Malgaches et Antillais et l'A.E.R.D.A., association des étudiants affiliés au R.D.A., Rassemblement Démocratique Africain.

L'U.E.C.A., association catholique, est fondée et dirigée à ses débuts par Joseph Ki-Zerbo. Il montre ainsi, dès son

---

105 Encore occupée de nos jours mais dont l'état matériel ne cesse de se dégrader, signe du désintérêt éprouvé par les Etats africains pour ce lieu, foyer de contestation par excellence. Voir *L'indépendant*, hebdomadaire burkinabé, n° 516, 29 juillet-05 août 2003.

106 D'après Dewitte Philippe, « Intellectuels et étudiants africains à Paris à la veille des indépendances » dans Marès A. et Milza P., *Le Paris des étrangers depuis 1945,* Paris, Publications de la Sorbonne, 1994, p. 330.

107 D'après Dulucq S., « Elèves et étudiants d'Afrique subsaharienne en France depuis la fin du 19ème siècle », dans Bade Klaus B., Emmer Pieter C. et al. (ed.), *Migration, Integration, Minorities since the 17th Century.* An European Encyclopaedia.

108 D'après Guimont F., *Les étudiants africains..., op. cit.*

arrivée dans le monde étudiant, une volonté de réunir. Son choix premier est alors de rassembler autour de la religion catholique, montrant là l'héritage familial et la forte influence de la religion catholique qui a forgé son père. Cette association est représentée par la revue *Tam-Tam*. *« C'était une revue de réflexion sur les problèmes politiques, sociaux, idéologiques, spirituels et culturels de l'Afrique*[109] » avec un ton modéré mais ferme sur la liberté et l'unité[110]. Avec cette publication, il poursuit en quelque sorte le travail qu'il a commencé avec le journal *Afrique Nouvelle*, trois ans auparavant, à Dakar. Assurément, c'est à travers le prisme catholique que Joseph Ki-Zerbo signe ses premiers écrits d'analyse et de contestation.

L'A.E.R.D.A. est quant à elle liée au Rassemblement Démocratique Africain. Ce parti politique a été créé lors du congrès de Bamako en octobre 1946. Présidé par Félix Houphouët-Boigny[111], sa structure est une fédération de partis locaux d'Afrique francophone guidés par un combat commun, anticolonialiste. Très vite, il s'apparente au P.C.F, le Parti Communiste Français. Les étudiants séduits par l'extrême gauche se retrouvent vite au sein de cette association. Il est ainsi établi, à l'époque, que l'anticolonialisme va de pair avec les revendications communistes. En effet, seul ce parti, en France, propose dans son programme l'émancipation des peuples colonisés. Cependant, le monde étudiant associatif connaît un grand changement en 1950, année durant laquelle le R.D.A. se désapparente du P.C.F.. Depuis sa création, le R.D.A. ne cesse d'être victime de pressions de la part des autorités coloniales. Houphouët-Boigny, président et fondateur du parti, est également à la tête du grand syndicat agricole ivoirien. Désireux d'obtenir une inflexion

109 D'après les mots de Joseph Ki-Zerbo dans Ki-Zerbo J., *A quand l'Afrique ?*, *op. cit.*, p. 129.

110 D'après Diané Charles, *La F.E.A.N.F. et les grandes heures du mouvement syndical étudiant noir*, Paris, Chaka, 1990, p. 94.

111 Félix Houphouët-Boigny est le « père de la nation » ivoirienne et son premier président, de 1960 à sa mort, en avril 1994.

de la politique gouvernementale à son égard[112], il répond aux souhaits des autorités françaises, résolument anti-communistes, et se désapparente du P.C.F.[113], effectuant un véritable *« demi-tour à droite[114] »*. Le parti qui constitue l'expression politique de l'anticolonialisme est alors taxé de compromission, de collaboration avec le colonisateur[115]. Cet événement, considéré comme une trahison par les étudiants, précipite la formation d'un organe propre aux « forces progressistes » qui refusent l'ordre colonial.

La réaction des étudiants est de former la F.E.A.N.F, Fédération des Etudiants d'Afrique Noire en France, lors des congrès constitutifs de Lyon et Bordeaux, respectivement en avril et décembre 1950[116]. Cette association se propose de créer un trait d'union entre tous les étudiants africains de France, qu'ils soient originaires d'A.O.F, d'A.E.F.[117], du Togo et du Cameroun. Ses objectifs sont de regrouper les revendications de chacun pour engendrer une unité d'action et ainsi donner plus de poids au mouvement étudiant anticolonialiste[118]. Dans ses statuts, la F.E.A.N.F. définit ses priorités. Elle doit fédérer

112 Depuis 1947 et la reconstitution de la colonie de Haute-Volta, démantelée en 1932 pour servir les intérêts de Félix Houphouët-Boigny et de son syndicat en facilitant notamment les transferts de main-d'œuvre autrement dit les migrations de populations d'origine Mossi, le pouvoir français exerçait une pression sur le R.D.A. et Houphouët-Boigny, à cause de ses sympathies avec le Parti Communiste notamment.

113 D'après le comité scientifique international pour la rédaction d'une histoire générale de l'Afrique, *Histoire générale de l'Afrique*, tome VIII, *L'Afrique depuis 1935*, Paris, U.N.E.S.C.O., 1998, p. 132 (éd. abrégée).

114 D'après Ki-Zerbo J., *Histoire de l'Afrique noire, op. cit.*, p. 505.

115 D'après Guimont F., *op. cit.*, p. 108.

116 *Idem*, p. 109.

117 L'Afrique Equatoriale Française est la fédération qui regroupa de 1910 à 1958 les colonies du Gabon, du Moyen-Congo, de l'Oubangui-Chari et du Tchad.

118 D'après Traoré Sékou, *La Fédération des Etudiants d'Afrique Noire en France*, Paris, L'Harmattan, p. 17.

les associations d'étudiants africains en France. Son action consiste à défendre les intérêts matériels et moraux des étudiants et à leur donner une représentation auprès des autorités administratives et universitaires. Aussi, conformément à la volonté de ses fondateurs, la F.E.A.N.F. doit permettre de diffuser les revendications étudiantes en mobilisant tous les moyens nécessaires, publications, annonces, *etc.*[119]. Véritable syndicat d'associations fédérées, elle dispose de sections territoriales regroupant les étudiants selon leur colonie d'origine. On trouve ainsi la section de Haute-Volta, dénommé A.E.V.F., Association des Etudiants Voltaïques en France. Joseph Ki-Zerbo est membre fondateur et premier président de l'association. Il prend donc une part active à la rédaction de la revue de l'A.E.V.F., *Le Petit Echo AEV* qui devient *Jeune Volta* en 1958[120]. La fédération compte également des sections académiques qui correspondent aux grandes villes françaises[121].

L'action de la F.E.A.N.F. est étroitement surveillée par les autorités françaises. Elle est en effet idéologiquement très proche du Parti Communiste, ce qui déplait fortement en ces temps de guerre froide et de « péril rouge »[122]. Cependant, peu d'étudiants ont une carte du parti mais leur action attire les sympathies du mouvement d'extrême gauche. Signe de la pression de la police française, le siège de la fédération connaît différentes adresses, sans toutefois plier aux menaces[123]. Les idées véhiculées par la F.E.A.N.F. se retrouvent dans la publication *L'Etudiant d'Afrique Noire*. Ce journal, à travers sa phraséologie, confirme la tendance marxiste de la fédération. Sa couverture[124] représente l'Afrique avec, au centre, une jarre percée de trous et la citation de Ghezo, roi d'Abomey : *« Si tous les fils du royaume venaient par leurs mains assemblées*

---

119 *Idem.*

120 D'après Diané Charles, *La F.E.A.N.F. ..., op. cit.*, p. 57.

121 D'après Traoré Sékou, *op. cit.*, p. 18.

122 D'après Guimont F., *op. cit.*, p. 108.

123 D'après Traoré Sékou, *op. cit.*, p. 19.

124 Voir la couverture de *L'Etudiant d'Afrique Noire*, annexes, p. 151.

boucher les trous de la jarre percée, le pays serait sauvé ». La devise, sur la couverture également, donne le ton : « *Travailler dans l'unité. Rechercher la justice. Dire la vérité* ». Egalement très contrôlée par l'Etat français, la périodicité de *L'Etudiant d'Afrique Noire* est aléatoire. Tout dépend des moyens financiers du moment, de l'attitude de la police ou encore des imprimeurs, difficiles à trouver pour une publication très controversée. Elle est en effet saisie à plusieurs reprises et les auteurs de certains articles, comme Albert Tévoédjrè, sont même poursuivis[125]. Son premier numéro date de 1954. Il est très clairement un organe de combat qui se distingue par un anticolonialisme violent, révolutionnaire, en appelant à la révolte, et ceci conformément à la ligne de conduite confirmée lors du 8ème congrès de la F.E.A.N.F. en décembre 1957. De nos jours, il est difficile de trouver des exemplaires de cette revue très critiquée et presque clandestine.

Le fait que Joseph Ki-Zerbo s'implique au sein de la F.E.A.N.F. montre qu'il veut contribuer au mouvement étudiant dans le cadre de la lutte engagée contre l'ordre colonial imposé par la France. Ses premières options politiques sont celles qui séduisent les anticolonialistes de l'époque, l'extrême gauche. Il déclare à ce sujet, dans son dernier ouvrage : « *Pendant cette période, j'étais immergé dans un milieu où l'idéologie marxiste prévalait nettement. Les étudiants africains de l'époque étaient plus ou moins marqués par cette idéologie du fait de la guerre froide. Nous étions des sujets coloniaux avec une superstructure intellectuelle qui était incompatible avec cette condition. Le marxisme démasquait les réalités camouflées et décodait les discours aliénants d'alibi. Il affichait un volontarisme capable de faire l'histoire, de transformer les sociétés et d'aller vers l'élaboration, la création d'un « homme nouveau ». [...]. C'était le type d'engagement exigé par notre condition d'africains à ce moment-là*[126] ». Néanmoins, il reste un « marxiste

---

125 D'après Traoré Sékou, *op. cit.*, pp. 41-42.

126 D'après Ki-Zerbo J., *À quand l'Afrique, op. cit.*, p. 13.

modéré ». Son analyse résonne a posteriori comme une légitimation de son engagement d'extrême gauche de l'époque, conditionné qu'il était par son entourage. En effet, l'avenir le conduit à s'éloigner des thèses communistes lorsqu'il crée son propre parti politique.

Au fil des ans, on remarque que Ki-Zerbo prend de plus en plus de responsabilités dans le combat qui lui tient à cœur.

3. De nombreuses publications engagées

La contestation étudiante s'exprime à travers de nombreux écrits dont la diffusion ne se limite pas au seul monde associatif et militant. Il convient de s'arrêter sur quelques articles de Joseph Ki-Zerbo, parus dans la revue *Présence Africaine,* qui donnent un aperçu de ses convictions du moment. La revue *Présence Africaine* a été fondée en 1947 par Alioune Diop et sa femme, simultanément à Paris et à Dakar. « *Définir l'originalité africaine et hâter son insertion dans le monde moderne* » est l'objectif de cette revue voulant mettre en question le colonialisme, sans but politique[127]. Elle donne une tribune à de nombreux auteurs, des intellectuels de l'époque aux étudiants désireux de s'impliquer dans les débats en cours. Sa ligne éditoriale se veut modérée, au moins au début, avec pour objectif de promouvoir la culture noire. Ainsi, en 1950, un numéro spécial intitulé « Le Monde Noir » donne la parole entre autres à Théodore Monod, Hampâté Bâ, Marcel Griaule[128]. Cependant, la revue devient rapidement une tribune de contestation politique. En 1953, le numéro quatorze de la revue, « Les étudiants noirs parlent », constitue la première opportunité pour ces étudiants militants que sont Joseph Ki-Zerbo, Abdoulaye Wade ou Mahjemout Diop de s'exprimer dans une publication d'importance.

Joseph Ki-Zerbo déclare, dans ce numéro quatorze de *Présence Africaine*, en tant que représentant des étudiants

---

127 D'après Kesteloot L., *op. cit.*, p. 210.

128 D'après Dewitte Philippe, *op. cit.* p. 323.

catholiques : « *Ainsi la résistance trouve les catholiques aux côtés de leurs camarades non croyants, la lutte pour la libération des classes laborieuses aussi. L'étudiant catholique africain, conscient de ses vérités ne se contentera pas de conserver sa foi. Il sentira monter en lui, étant donné sa position privilégiée par rapport à ses frères, l'exigence d'une vocation : il sera un militant*[129] ». On y retrouve la foi chrétienne mêlée à une rhétorique de gauche, les deux fers de lance du combat de Joseph Ki-Zerbo.

Ses contributions dans la revue *Présence Africaine* sont fréquentes. Par exemple, dans le numéro treize, il signe l'éditorial intitulé « Les responsabilités estudiantines »[130]. Reprenons quelques extraits : « *Le politique est la dimension de notre existence la plus explosive, celle qui nous expose à la plus grande fragilité physique et morale. Mais aussi la plus riche de conscience et de culture. L'idéal des jeunes étudiants est donc légitimement de conquérir le pouvoir*[131] ». Il lance un véritable appel à ses pairs, les étudiants africains : « *Futurs ingénieurs et poètes, juristes ou peintres, savants, historiens et théologiens ou médecins, votre responsabilité, en ce milieu du 20ème siècle, est sans exagération la plus grave. Vous devez encadrer les peuples jusqu'ici les plus déshérités, mais les plus riches de vertus universalisantes pour le monde*[132] ». Dans cet écrit, il considère que sa génération est investie d'une mission, mettre à profit l'expérience acquise en métropole pour aider leur contrée d'origine. Il soulève déjà le problème des élites africaines occidentalisées qui ne rentrent pas forcément au pays pour exercer leurs compétences, la « fuite des cerveaux ». L'avenir montre que Joseph Ki-Zerbo a personnellement appliqué cette proposition.

Toujours dans la revue *Présence Africaine*, Joseph Ki-Zerbo poursuit son dessein d'intellectuel avec des articles

---

129 Citation de Joseph Ki-Zerbo dans Diané Charles, *op. cit.*, p. 33.

130 Voir annexes, pp. 152-153.

131 D'après *Présence Africaine*, n° 13, p. 4.

132 *Idem*, p. 5.

comme « Histoire et conscience nègre », paru dans le numéro seize. Il y décrit la place de l'histoire dans les traditions africaines avant de se focaliser sur le rôle néfaste de l'histoire de l'humanité en Afrique : « *Ingérence, traite, invasions arabes et européennes sont catastrophiques pour la conscience nègre. [...]. La peur, pendant des siècles, devient une dimension de l'âme nègre*[133] ». Il achève cependant sur une note d'espoir : « *Quand on pense à la vitalité des peuples noirs après tant d'épreuves subies, c'est avec confiance qu'on peut regarder l'avenir*[134] ». Ces quelques extraits situent brièvement la pensée et les projets de notre homme, alors simple étudiant. Fidèle à la religion catholique par héritage familial, il est animé par des convictions politiques de gauche. En outre, l'exercice politique semble déjà le séduire. Enfin, il use de son statut d'historien pour promouvoir la richesse de son continent, une richesse tant exploitée et pillée dans le passé. L'intellectuel africain est déjà là.

L'avenir donnera du relief aux perspectives énoncées

.

133 D'après *Présence Africaine*, n° 16, p. 62.

134 *Idem*, p. 69.

Chapitre 3 : Vers la mise en œuvre concrète des revendications (1958)

1. La politique française de décolonisation

Alors que la décolonisation se profile, Joseph Ki-Zerbo, servi par un idéal de libération nationale, se lance dans le combat politique. Il crée son parti et entame le combat lors du référendum sur la communauté française de 1958. Le contexte de l'après-guerre conditionne fortement l'action des étudiants africains arrivés en métropole après 1945. Depuis le premier courant contestataire étudiant incarné par la défense de la « négritude », les bouleversements politiques à l'échelle mondiale ont changé la donne. Aux yeux des peuples colonisés, la Deuxième Guerre Mondiale a mis en lumière la relative faiblesse de la France, réduite à en appeler aux alliés américains pour obtenir sa libération. Ainsi, la grande puissance coloniale a perdu son prestige du début du siècle. De plus, la charte de l'O.N.U., Organisation des Nations Unies, adoptée en 1945, proclame comme principe fondateur le droit des peuples à disposer d'eux-mêmes, autrement dit que les colonies puissent choisir leur mode de gouvernement[135]. En outre, l'ordre mondial est désormais dominé par deux puissances non coloniales, le bloc libéral américain et le bloc communiste soviétique, qui condamnent fermement l'impérialisme colonial européen. Enfin, la montée des forces de gauche, qui incarnent la lutte anticoloniale, dans les métropoles française et britannique, achève de convaincre les élites africaines du besoin urgent d'émancipation de leur colonie[136].

Les étudiants africains de France reprennent tous ces arguments pour essayer de faire vaciller un peu plus l'ordre colonial. On peut scinder en deux groupes le

---

135 D'après Coquery-Vidrovitch C. et Moniot H., *L'Afrique noire de 1800 à nos jours*, Paris, P.U.F., 1974, p. 247.

136 D'après le Comité scientifique international pour la rédaction d'une histoire générale de l'Afrique, *op. cit.*, tome VIII, p. 123.

mouvement étudiant. D'un côté, les plus revendicatifs, qui comptent Joseph Ki-Zerbo dans leurs rangs, sont guidés par un idéal proche du marxisme. De l'autre, ceux convaincus par la politique coloniale de la France et qui espèrent s'appuyer sur ses évolutions pour y trouver leur place[137]. La nouvelle constitution de 1946, consacrant l'instauration de la 4ème République, a défini une nouvelle organisation dans les colonies, l'Union Française. Chaque territoire est désormais doté d'une assemblée dite territoriale, pouvant voter le budget et les impôts, tandis que le gouverneur général est assisté d'un grand conseil. Aussi, les sujets coloniaux sont devenus des citoyens impériaux et ont maintenant des représentants au Parlement français, au nombre de vingt-trois. Ces derniers sont élus au suffrage à deux collèges, donnant un rôle fictif au collège électoral africain. Pour le mouvement étudiant modéré, ces décisions symbolisent une inflexion de la politique coloniale, donnant la possibilité aux Africains de participer à la politique de leur colonie. Néanmoins, dans les faits, ce qui constitue le premier pas d'une série de mutations de l'empire colonial semble insignifiant[138]. Les étudiants d'extrême gauche, quant à eux, décident de surfer sur la vague émancipatrice que leur suggère la métropole. Leur action est claire, accélérer le processus d'autonomie dont l'issue inévitable est l'indépendance.

Tandis que le gouvernement français essuie la montée des contestations, la conférence afro-asiatique des peuples non alignés de Bandung, en 1955, donne un poids politique international aux pays colonisés. Ces derniers, qui se présentent comme le troisième bloc, face aux deux géants américain et russe, y énoncent clairement leur volonté d'indépendance, à l'instar des mouvements qui agitent alors l'Indochine et le Maghreb. Le mouvement étudiant peut ainsi exploiter une perspective qui s'ouvre à l'horizon, la décolonisation. D'autant plus qu'en juin 1956, la France vote la loi-cadre, aussi appelée loi Deferre, laquelle établit un régime d'autorité interne aux colonies avec des

---

137 D'après Philippe Dewitte, *op. cit.*, p. 322.

138 D'après Coquery-Vidrovitch C. et Moniot H., *op. cit.*, p. 255.

gouvernements locaux élus au suffrage universel et dirigés par des personnalités africaines[139]. Cette décision signifie une nouvelle concession de la puissance coloniale vers l'autonomie définitive tant réclamée. Mais, comme toujours, c'est un trompe-l'œil puisque les gouvernements locaux n'obtiennent qu'un statut consultatif, subordonnés qu'ils sont au gouverneur français et à l'assemblée nationale française[140]. Elle est vivement dénoncée par la F.E.A.N.F. comme une partition du continent, une « balkanisation » de l'Afrique, *« une mystification qui n'a d'autre but que de semer la confusion et de freiner le processus historique de notre libération*[141] ».

Dans ce contexte, on comprend que Ki-Zerbo ait pris une part active dans la contestation. Il se retrouve dans la période clé des luttes anticoloniales, au moment même où les évènements se succèdent et offrent chacun un espoir nouveau de se soustraire du joug colonial, d'accéder à l'indépendance.

De plus, la voie de la liberté est devenue une réalité pour certaines colonies.

2. Kwamé N'Krumah, un exemple

Dans sa jeunesse militante, Joseph Ki-Zerbo est séduit par le charisme et l'action de Kwamé N'Krumah, figure de l'indépendance de la colonie anglaise de *Gold Coast*, aujourd'hui Ghana. Il est ainsi nécessaire de présenter le personnage afin de mettre en relief les propos dithyrambiques de Ki-Zerbo à son égard.

Kwamé N'Krumah fait des études brillantes aux Etats-Unis avant de regagner sa colonie, la *Gold Coast* britannique, au lendemain de la Deuxième Guerre

---

139 D'après d'Almeida-Topor H., *L'Afrique au 20ème siècle*, Armand Colin, Paris, 1993, p. 209.

140 D'après la préface de J. Ki-Zerbo dans Dicko A., *Journal d'une défaite, autour du référendum du 28 septembre 1958 en Afrique noire*, Paris, l'Harmattan - Dag Hammarskjöld Foundation, 1992, p. XIX.

141 Déclaration lors du congrès de la F.E.A.N.F. dans Traoré Sékou, *op. cit.*, p. 22.

Mondiale. Son séjour outre-atlantique le convainc définitivement que le colonialisme est désormais un modèle dépassé, qui doit disparaître au plus vite. A son retour, il s'engage politiquement en *Gold Coast* dans la voie de l'anticolonialisme. Seulement, la réaction des colons anglais est rapide. Cet homme qui a rapidement réussi à rallier de nombreux fidèles sous la bannière de son parti, le C.P.P., *Convention People's Party,* est emprisonné[142]. Cependant, les élections législatives de 1951 donnent la victoire au parti de Kwamé N'Krumah. Il est alors libéré de prison et devient premier ministre[143]. Ce revirement atteste de l'ouverture de la politique anglaise dans ses colonies, l'expression populaire n'ayant pas été ignorée. Toutefois, la personne de N'Krumah y est pour beaucoup.

Joseph Ki-Zerbo, déjà séduit par l'action de cet homme, écrit en juillet 1954 dans la revue *Tam Tam* un article intitulé « Kwamé N'Krumah, un pilote ». Il conclue son texte par les mots suivants : *« Dès lors, même si N'Krumah disparaît demain, même si d'aventure il dévie de sa ligne actuelle, il est déjà entré dans l'histoire comme un manieur d'hommes et un libérateur car il a contribué plus que tout autre à semer au cœur de ses compatriotes une graine qui ne meurt pas. Il leur a fait goûter l'âpre et inoubliable saveur de ce fruit vert qu'est la liberté[144] ».*

Une fois conquises les rênes du pouvoir, Kwamé N'Krumah engage un véritable bras de fer avec les autorités anglaises pour parvenir à l'indépendance de sa colonie. Ses efforts sont couronnés le 6 mars 1957, la *Gold Coast* devient le Ghana indépendant[145]. Joseph Ki-Zerbo salue l'événement par un article dans le numéro douze de *Présence Africaine.* Il manifeste alors son admiration à travers des propos d'envergure : *« Le 6 mars 1957, voilà une date qu'apprendront nos arrières petits-neveux.*

---

[142] D'après le comité scientifique international pour la rédaction d'une histoire générale de l'Afrique, *op. cit.*, tome VIII, p. 128.

[143] D'après Coquery-Vidrovitch C. et Moniot H., *op. cit.*, p. 248.

[144] D'après « Kwamé N'Krumah, un pilote », *L'Eclair*, n° 31, avril 1972, p. 1. Voir annexes, pp. 154-158.

[145] D'après Coquery-Vidrovitch C. et Moniot H., *op. cit.*, p. 248.

L'indépendance du Ghana ouvre une nouvelle page de la vie africaine. Son expérience politique amorce un nouveau cours des choses pour les Noirs : c'est un événement historique[146] ». Cependant, tout ce processus d'émancipation est conditionné et facilité par la nature de la politique coloniale anglaise et aussi par les spécificités du Ghana. Joseph Ki-Zerbo écrit justement : « *Cela tient à la sagesse des Anglais mais surtout au génial sens politique des leaders du Ghana et à la discipline de son peuple*[147] ». Cet événement a « *une signification effective pour l'ensemble de l'Afrique noire*[148] ». Ainsi, l'action du leader ghanéen doit inspirer ses homologues des autres colonies. Comme l'a proclamé Kwamé N'Krumah, « *l'indépendance du Ghana n'a de sens que si l'Afrique entière doit être libérée*[149] ». La conclusion de Joseph Ki-Zerbo est donc que « *l'indépendance du Ghana peut être regardée comme le début d'une réhabilitation des peuples noirs d'Afrique*[150] ».

L'épisode ghanéen constitue un véritable tremplin pour la carrière de Joseph Ki-Zerbo. Il s'inspire largement de l'action de Kwamé N'Krumah dans ses options et réalisations politiques ultérieures. Ainsi, lorsqu'il forme son parti, Joseph Ki-Zerbo cherche à tout prix à rencontrer son illustre prédécesseur. Il y parvient en 1958, alors qu'il effectue une tournée dans la sous-région pour présenter ses options politiques. Cet entretien convainc le président ghanéen et les deux hommes se rencontrent à plusieurs reprises jusqu'en 1966, date de la mort de Kwamé N'Krumah.

Joseph Ki-Zerbo a trouvé son modèle. Son engagement politique est alors guidé par l'exemple d'une figure de l'indépendance.

---

146 D'après *Présence Africaine*, n° 12, p. 65.

147 *Idem.*

148 *Ibid.*

149 *Ibid.*

150 *Ibid.*, p. 66.

3. La fondation du M.L.N. de Joseph Ki-Zerbo

Joseph Ki-Zerbo occupe ses années parisiennes entre études et militantisme. En 1956, il est diplômé d'histoire. En 1957, il est nommé professeur au lycée Pothier à Orléans pour son dernier poste en métropole. L'année suivante, il enseigne au prestigieux lycée Van Vollenhoven de Dakar. C'est à ce moment qu'il décide de fonder son propre parti. Bien que séduit par le front anticolonial marxiste, il décide de suivre une voie plus modérée. En 1956 est créé le P.A.I., Parti Africain de l'Indépendance. Très lié à la F.E.A.N.F., ce parti est le premier d'Afrique noire à dominante marxiste-léniniste. Cependant, Joseph Ki-Zerbo ne rallie pas cette nouvelle formation.

Il retrouve, entre Dakar et ses voyages en métropole, son ami le Dahoméen Albert Tévoédjrè. Ce dernier est un grand militant de la F.E.A.N.F., rédacteur en chef de la revue *L'Etudiant d'Afrique Noire* en 1956-1957, ce qui lui vaut à l'époque une inculpation pour « atteinte à la sûreté extérieure de l'Etat[151] ». Il est également catholique militant et fondateur de la J.E.C., Jeunesse Catholique Militante, à l'université de Lettres de Dakar[152]. En 1958, tous deux décident de fonder un mouvement politique confessionnel et nationaliste, le M.L.N., Mouvement pour la Libération Nationale de l'Afrique Noire. Albert Tévoédjrè reste cependant à la tête de la section de la F.E.A.N.F. de Toulouse. Joseph Ki-Zerbo veut, avec le M.L.N., donner un contre-pied à la mouvance estudiantine marxiste-léniniste incarnée par le P.A.I. et très présente au sein du bureau toulousain de la F.E.A.N.F.. Cependant, la lutte entre le M.L.N. et le P.A.I. pour le contrôle du bureau toulousain de la fédération tourne court, le M.L.N. préférant s'atteler à d'autres combats.

C'est ainsi que Joseph Ki-Zerbo entame son combat politique, dominé par un idéal socialiste et unificateur de l'Afrique. Il prend alors nettement ses distances avec le

---

151 Inculpé par le juge d'instruction de Toulouse le 11 avril 1957, d'après Traoré Sékou, *op. cit.*, p. 44.

152 D'après Diané Charles, *op. cit.*, p. 154.

radicalisme d'extrême gauche de la fédération. Son ami Tévoédjrè, à la tête de la section de Toulouse, travaille aux côtés de leaders plus révolutionnaires que lui mais cela ne l'empêche pas d'écrire de belles pages sur la libération de l'Afrique, l'objectif du M.L.N.[153]. On retrouve ainsi Joseph Ki-Zerbo secrétaire général, Cheik Hamidou Kane secrétaire à l'organisation et Albert Tévoédjrè secrétaire à la propagande. Un de leurs très proches collaborateurs est Amadou Dicko, membre du bureau et dont l'ouvrage permet de retrouver le contexte de l'époque[154].

Le bureau fait paraître le 25 août 1958, simultanément à Dakar et Paris, le manifeste du nouveau parti, le mouvement africain de libération nationale[155]. Cette brochure s'intitule : « Libérons l'Afrique » et s'articule en trois points : *« indépendance nationale, Etats-Unis d'Afrique, socialisme africain*[156] ». Le titre résume bien le programme de ce mouvement initié par Joseph Ki-Zerbo, quelques universitaires et autres cadres africains. Leur désir est de promouvoir l'indépendance nationale en vue d'établir une communauté africaine, le tout inspiré par une idéologie socialiste, démarquée du communisme international[157]. Ils préconisent la constitution d'une vaste fédération ouest-africaine du Ghana ou du Mali qui constituerait une étape vers les Etats-Unis d'Afrique noire[158].

Déjà se profile à l'horizon, pour le jeune parti, le référendum du 28 septembre 1958, initiative du général de Gaulle. Le retour du président français, à la faveur du problème algérien, précipite la création de la 5ème République. Devant les difficultés grandissantes de la

153 *Idem*, p. 155.

154 Voir Dicko A. A., *Journal d'une défaite, autour du référendum du 28 septembre 1958 en Afrique noire*, Paris, l'Harmattan-Dag Hammarskjöld Foundation, 1992.

155 On trouve diverses appellations pour le M.L.N., à ses débuts, toutefois proches les unes des autres.

156 D'après la préface de J. Ki-Zerbo dans Dicko A., *Journal d'une défaite ..., op. cit.*, p. XV.

157 D'après de Benoist J.-R., *op. cit.*, pp. 422-423.

158 *Idem*.

politique française en Afrique, il décide d'organiser un référendum constitutionnel appelant à se prononcer sur la réforme du statut de la France d'Outre-Mer. Pour l'Afrique, cela signifie adopter ou rejeter la communauté française. Le M.L.N. peut déployer ses forces pour sa première échéance électorale.

Le M.L.N., conformément à la volonté exprimée dans le manifeste, fait campagne pour le non, *« non à la communauté du cavalier et du cheval »*. Son objectif premier, qui suit l'exemple de Kwamé N'Krumah, est l'indépendance. Les autorités coloniales, quant à elles, ont décidé de lancer le débat indépendance ou unité. L'indépendance, symbolisée par le « non », n'est pas souhaitée par les élites coloniales, véritables auxiliaires de la politique française. Ce débat, totalement théorique, devait faire régner la confusion et favoriser le « oui »[159]. En aucun cas la métropole n'a prévu d'organiser l'unité des pays colonisés. L'issue est une communauté d'Etats autonomes et français ou l'indépendance immédiate, sans unité aucune. De plus, comme le déplore Joseph Ki-Zerbo, on agite alors, en Afrique, le spectre déformant du *« pour ou contre la France »*, énième tentative pour influencer le vote[160]. De fait, le « oui » implique le démantèlement des ensembles antérieurs, A.O.F. et A.E.F., et symbolise la rupture de l'unité régionale[161]. Le « non » collectif peut cependant laisser entrevoir un espoir d'unité.

Le M.L.N. mène campagne avec son manifeste qui est distribué pendant l'été 1958. Premier accroc, le manifeste est interdit par les autorités françaises le 29 août et Joseph Ki-Zerbo reçoit la visite de la police judiciaire à son domicile parisien. S'ouvre alors une période de clandestinité. L'ouvrage est vendu à la sortie des salles de conférence, des stades, des cinémas ou des théâtres[162] tandis qu'un tract est diffusé, dénonçant *« le pseudo-libéralisme du gouvernement actuel qui offre l'indépendance mais à condition que personne n'y touche,*

159 *Ibid.*
160 D'après Dicko A., *op. cit.*, p. XV.
161 *Idem*, p. XXII.
162 *Ibid.*, p. XXV.

[...] qui offre la liberté mais à condition que personne ne bouge[163] ».

Les militants du M.L.N. sont dispersés, ils font campagne pour le « non » de manière isolée. Amadou Dicko, dans son ouvrage, évoque la campagne qu'il a menée en Haute-Volta. Il se heurte, pendant ce mois de septembre 1958, à la propagande des autorités coloniales en faveur du « oui » et se retrouve complètement marginalisé. Enfin, les manipulations électorales du jour du scrutin scellent l'échec du M.L.N.. Comme le constate alors Joseph Ki-Zerbo, *« le référendum pour nous était avant tout une tribune pour faire passer des messages essentiels*[164] ». Seul le P.D.G., Parti Démocratique de Guinée, de Sékou Touré, obtient la victoire du « non ».

Le M.L.N. poursuit néanmoins son action. Il adresse au cours du mois de novembre 1958 une lettre à tous les responsables politiques. Le mot d'ordre est de réaliser au plus vite les objectifs suivants : *« indépendance politique pour l'unité, unité pour la puissance et la libération totale de l'Afrique*[165] ». Le mouvement se répand en trois sections principales, Haute-Volta, Sénégal et Dahomey[166] et compte des soutiens jusqu'au Cameroun et au Congo belge[167]. Joseph Ki-Zerbo ne ménage pas ses efforts et voyage beaucoup pour rencontrer ses homologues. C'est au cours d'un de ces déplacements qu'il rencontre Kwamé N'Krumah, son modèle, et partage de nombreuses idées avec lui[168].

Cependant, le M.L.N. perd rapidement son influence régionale et doit restreindre son action dans un cadre national, en Haute-Volta, pays d'origine de son fondateur. Les sections du Sénégal, du Dahomey et de Haute-Volta restent un temps organisées[169]. Pourtant, très vite, les deux

---

163 D'après de Benoist J.-R., *op. cit.*, p. 422-423.

164 D'après Dicko A., *op. cit.*, p. XXX.

165 D'après de Benoist J.-R., *op. cit.*, p. 437.

166 Le Dahomey devient le Bénin en 1975.

167 D'après Dicko A., *op. cit.*, p. XXV.

168 *Idem*, p. XXVI.

169 D'après la déclaration de Joseph Ki-Zerbo dans *L'Eclair*, n° 3, 1er-15 mai 1970, p. 5. Voir annexes, pp. 159-168.

premières se rallient aux partis dominants de leurs pays respectifs et laissent la seule section voltaïque s'organiser *« pour survivre, pour vivre, pour faire vivre*[170] *»*. En effet, les espoirs suscités par un combat commun se dissipent lorsque sont amoindris les perspectives « d'indépendance dans l'unité » au lendemain de la proclamation de la communauté française et par la suite, lors de la « vague des indépendances ». Joseph Ki-Zerbo persévère mais le parti M.L.N. voit son audience se restreindre à la seule vie politique voltaïque. Nous verrons dans la prochaine partie les multiples actions à mettre à son actif dans la jeune nation de Haute-Volta.

Joseph Ki-Zerbo décide alors d'aller servir la Guinée avec d'autres « volontaires », professeurs, chercheurs, scientifiques. Cette colonie est la seule à avoir choisi l'indépendance lors du référendum de 1958. Il suit en cela ses convictions et veut prouver que, malgré les rumeurs, une colonie indépendante sans l'aide de la France peut s'en sortir[171]. Alors, en 1959, après avoir mis en place des bases solides en Guinée, il décide de rentrer en Haute-Volta. Sa mission se trouve incontestablement dans sa contrée d'origine qui est devenue indépendante, elle aussi[172].

---

170 *Idem.*

171 D'après *Appel pour le changement, op. cit.*, p. 9.

172 Les accords d'indépendance sont scellés le 5 août 1960.

Deuxième partie

Joseph Ki-Zerbo, l'éternel opposant politique (1958-1995)

Chapitre 1 : De la clandestinité à l'émergence d'un parti structuré (années 1960)

Le militantisme politique tient une importance primordiale dans la carrière de Joseph Ki-Zerbo. Il a en effet manifesté une volonté inébranlable de s'engager sur une voie concrète, au service du peuple. Son implication dans la vie politique répond également à son statut d'intellectuel, engagé pour le progrès de son pays et attiré par les joutes verbales et électorales. Son parcours politique est celui d'un opposant, chef de parti dans une jeune nation en construction. L'histoire de la Haute-Volta indépendante est marquée par une longue et difficile quête de stabilité politique. Les dix premières années de la Haute-Volta indépendante donnent lieu aux débuts politiques du M.L.N.. Très vite, la difficulté d'exister face au pouvoir conduit le « Professeur » à s'illustrer sur la scène de la contestation populaire. De quelles armes le parti de Joseph Ki-Zerbo use-t-il alors pour s'affirmer en tant que force politique majeure de Haute-Volta ?

1. Le règne de Yaméogo, injustice et déraison (1960-1966)

Lors de la proclamation de la communauté française par la constitution du 4 octobre 1958, Maurice Yaméogo est le président du conseil de gouvernement de Haute-Volta. Il succède à Ouezzin Coulibaly, grande figure de la Haute-Volta coloniale, qui est décédé peu avant le référendum sur la communauté française. Très vite, sous son impulsion, la République de Haute-Volta, une et indivisible, est proclamée le 11 décembre 1958[173]. La constitution, approuvée par référendum en mars 1959, consacre une république membre de la communauté française à laquelle

173 D'après Lejeal F., *Le Burkina-Faso*, Paris, Karthala, 2002, p. 68.

elle adhère individuellement[174]. Les évènements suivants ayant précipité l'indépendance, Maurice Yaméogo devient président de la République de Haute-Volta le 5 août 1960[175].

Joseph Ki-Zerbo rentre dans son pays au moment de l'indépendance en tant que responsable du M.L.N., parti qu'il a créé en 1958, comme évoqué précédemment. Citons les mots de son père à ce sujet : *« Mon fils Joseph, qui avait fréquenté le séminaire, en sortit puis, après de grandes études, il revint en 1959. [...]. Mais, quand il entreprit des activités politiques, ce fut au milieu de mille soucis qui furent aussi les miens[176] »*. En effet, il doit composer avec le règne sans partage de Maurice Yaméogo. Ce dernier se lance dans une véritable chasse aux sorcières[177]. Il fait arrêter des membres influents de l'opposition et, entre autres décisions autoritaires, dissout le conseil municipal de Ouagadougou. La seule alternative pour tout un chacun est alors d'adhérer à son parti, le R.D.A., largement inféodé à la politique africaine de la France incarnée par Jacques Foccart[178]. Le M.L.N. évolue donc dans la clandestinité la plus totale. Joseph Ki-Zerbo déclare, à l'époque, d'après un proverbe africain, *« Mieux vaut plier les doigts plutôt que de se les laisser couper[179] »* ou encore, selon un proverbe samo, de son ethnie, *« c'est à force de se cacher que le lézard arrive à avoir la tête rouge (à grandir)[180] »*. Le parti est forcé de mener une propagande de bouche à oreille. Son activité consiste à accélérer la formation des cadres pour les rallier à sa cause et à organiser des conférences, des manifestations syndicales, tout cela au moyen de distributions discrètes de tracts. Les dirigeants du parti n'échappent pas aux

---

174 *Idem*, p. 70.

175 *Ibid.*, p. 72.

176 D'après Ki-Zerbo J., *Alfred Diban ..., op. cit.*, p. 59.

177 D'après Kaboré R.-B., *Histoire politique du Burkina-Faso*, Paris, L'Harmattan, 2002, p. 60.

178 *Idem*, p. 61.

179 D'après allocution de Joseph Ki-Zerbo dans *L'Eclair*, n°3, 1er-15 mai 1970, p. 5. Voir annexes, p. 159-168.

180 *Idem*.

offres du pouvoir de rallier le parti présidentiel. Leur refus les expose aux brimades et aux menaces de fusillade émanant des autorités. Pourtant, le M.L.N. parvient à maintenir ses structures et à tenir chaque année un congrès clandestin à Ouagadougou[181]. Par sa résistance à l'oppression du régime de Yaméogo, le parti de Joseph Ki-Zerbo s'affirme déjà comme un parti majeur de l'opposition en Haute-Volta. Il n'a cependant pas grand peine à être crédible devant un président qui n'hésite pas à mener grand train dans une des contrées les plus pauvres du monde. Tandis qu'il fait construire un palais de luxe à Koudougou, sa ville d'origine, sa femme s'exhibe dans des tenues richissimes et ses enfants terrorisent les populations au volant de voitures de sport dernier cri[182].

Maurice Yaméogo, qui passe la moitié de l'année hors de son pays à dépenser sans compter, se rend impopulaire à la longue. La fin de l'année 1965 le voit accumuler les gestes de maladresse. Il décide, en période d'austérité économique, de baisser de 20% les salaires des fonctionnaires. La fronde syndicale se déclenche immédiatement. C'est dans ces circonstances difficiles qu'il choisit de se remarier avec « miss Côte d'Ivoire » et d'effectuer son voyage de noces aux Caraïbes, dans un déballage de luxe inqualifiable. C'en est trop, le peuple décide d'accélérer sa chute[183].

2. Joseph Ki-Zerbo et le coup de force du 3 janvier 1966

Deux personnages, par leur rapprochement et leur action, parviennent à rallier les différentes formations politiques et syndicales pour former un grand mouvement de contestation, il s'agit de Joseph Ouédraogo et de Joseph Ki-Zerbo[184]. Outrepassant l'interdiction de tout

181 *Ibid.*

182 D'après Lejeal F., *Le Burkina-Faso*, *op. cit.*, p. 79.

183 *Idem.*

184 D'après Kabeya Muase C., *Syndicalisme et démocratie en Afrique noire, l'expérience du Burkina-Faso*, Abidjan-Inadès Editions, Paris-Karthala, 1989, p. 76.

regroupement, les syndicats organisent un meeting le 31 décembre 1965 à la bourse du travail[185]. Malgré la répression, le mouvement semble fort et uni. Les accusations du président Yaméogo à l'encontre des fonctionnaires, dans son allocution radiodiffusée du 2 janvier 1966, renforcent la fronde populaire. Les autorités catholiques, représentées par le cardinal Zoungrana, ainsi que les chefs coutumiers, rangés derrière le Mogho Naba, souverain du royaume mossi[186], n'en pensent pas moins[187]. Un appel à la grève générale pour le 3 janvier est lancé. Armée, police et gendarmerie se positionnent dans les lieux stratégiques. Le 3 janvier venu, plusieurs milliers de manifestants s'ébranlent dans les rues de Ouagadougou. Fonctionnaires, enseignants, élèves et étudiants y prennent part. Il semble alors que l'élément dominant est constitué des élèves du lycée Zinda Kaboré, on s'en doute fortement influencés par le Professeur Joseph Ki-Zerbo qui y a enseigné[188] ; mais également des élèves du Cours Normal des Jeunes Filles où exerce Madame Jacqueline Ki-Zerbo[189]. On entrevoit ainsi le rôle de Joseph Ki-Zerbo dans ce soulèvement populaire, fortement aidé par sa femme. Il fournit également une batterie de voitures pour alimenter un mégaphone et permettre aux manifestants de scander haut et fort les slogans hostiles au pouvoir[190]. Le 3 janvier voit donc tous les secteurs sont paralysés par une grève qui s'en prend directement à la personne de Maurice Yaméogo. Ce dernier se réfugie au camp Guillaume, base militaire située à proximité de la place d'armes, à Ouagadougou. Pourtant, cette armée qui le prend sous sa protection n'intervient pas pour disperser la foule immense finalement rassemblée sur cette très vaste place d'armes. Alors, répondant aux cris des manifestants,

---

185 *Idem*, p. 77.

186 L'ethnie majoritaire de Haute-Volta, les Mossis, est parvenue à conserver, malgré la colonisation, sa hiérarchie traditionnelle dont l'influence dans la société demeure importante.

187 D'après Kabeya Muase C., *op. cit.*, p. 78.

188 Voir 3ème partie.

189 D'après Kabeya Muase C., *op. cit.*, p. 81.

190 *Idem*, p. 82.

Joseph Ki-Zerbo en tête[191] : « *L'armée au pouvoir, Maurice au poteau*[192] », le conseil militaire se réunit et décide de confier le pouvoir à l'officier le plus ancien dans le grade le plus élevé, en l'occurrence le colonel Sangoulé Lamizana[193]. Maurice Yaméogo est renversé dans ce qui constitue le premier coup d'Etat de l'histoire de la jeune Haute-Volta.

Il semble important de s'attarder sur cet épisode qui marque la première implication de grande ampleur de Joseph Ki-Zerbo dans l'histoire politique de son pays. Il est à l'origine du soulèvement populaire et joue un rôle déterminant lors de cette journée décisive du 3 janvier. Ensuite, en ce qui concerne la passation de pouvoir, il est difficile de juger[194]. Plusieurs versions s'affrontent. D'un côté, Maurice Yaméogo déclare avoir décidé de se retirer de lui-même, sans aucune volonté de résistance, pour préserver l'unité de son pays[195]. De l'autre, Lamizana soutient avoir refusé de se plier aux injonctions du président déchu qui lui demandait de tirer sur la foule pour la disperser[196]. Les leaders du mouvement de contestation ont, quant à eux, profité de la déception d'un peuple qui attendait beaucoup des années post-indépendance. Cependant, ils n'ont pas préparé le scénario d'une éventuelle prise de pouvoir. Ainsi, lorsque le pouvoir de Yaméogo semble perdu, en cette journée du 3 janvier, l'armée constitue la seule transition possible. De fait, Joseph Ki-Zerbo et ses proches ont favorisé ce coup d'Etat. Au vu des six années de règne du premier président de Haute-Volta, n'est-il pas légitime que d'exiger le remplacement de cet homme, lui qui a manipulé les élections présidentielles du 3 octobre 1965 en se proclamant président, étant seul candidat, avec 99,98%

---

191 D'après *Appel pour le changement*, *op. cit.*, p. 12.

192 D'après Kabeya Muase C., *op. cit.*, p. 83.

193 *Idem*, p. 84.

194 *Ibid.*, p. 85.

195 D'après sa déclaration dans *Le Monde* du 5 janvier 1966.

196 D'après l'interprétation de Frédéric Guirma dans « Comment perdre le pouvoir, le cas de Maurice Yaméogo », *Afrique Contemporaine,* vol. 12., 1991, p. 144.

des voix[197] ? S'il est difficile de parler de « bon coup d'Etat », il apparaît que le changement à la tête de l'Etat pouvait difficilement accoucher d'un régime plus catastrophique que le précédent. Ce point de vue est d'ailleurs partagé par nombre d'observateurs[198]. Néanmoins, il reste à attendre de voir les réalisations du nouveau régime.

Une des grandes leçons à retenir de ce 3 janvier 1966 est l'émergence des syndicats dans la vie politique voltaïque. La victoire du mouvement intersyndical inspire les partis qui, dès lors, usent de l'arme syndicale pour s'attaquer aux gouvernements. Joseph Ki-Zerbo, à l'avenir, utilise fréquemment ce moyen d'expression pour se manifester ou, tout simplement, exister[199].

3. Les militaires au pouvoir (1966-1970)

Sangoulé Lamizana devient président du Conseil Supérieur des Armées. Comme Joseph Ki-Zerbo, il est Samo, mais les points communs s'arrêtent là. Dans le passé, il fut engagé dans l'armée coloniale française avant de combattre sous le drapeau tricolore lors de la Deuxième Guerre Mondiale, de la guerre d'Indochine et de la guerre d'Algérie. Avec la responsabilité du pays, il hérite d'une lourde tâche. La situation économique est catastrophique et les finances du pays sont à un niveau excessivement bas. Les premiers chantiers du nouveau président doivent s'opérer au niveau budgétaire. Pour arranger la situation, il doit d'abord rassurer les opérateurs économiques internationaux[200].La constitution est suspendue tandis que l'assemblée nationale est dissoute. Un nouvel appareil institutionnel est créé, comprenant le Conseil Supérieur des Armées, le comité consultatif et le gouvernement, composé d'une majorité de militaires mais également de

---

197 D'après Lejeal F., *op. cit.*, p. 77.

198 *Idem*, p. 84.

199 D'après un rapport sur le thème « Syndicalisme et politique » dans *Education nouvelle*, organe du S.U.V.E.S.S., Syndicat Unique Voltaïque des Enseignants du Secondaire et du Supérieur, p. 14.

200 D'après Lejeal F., *op. cit.*, p. 85.

civils[201]. Un ministre est issu du M.L.N., Edouard Ouédraogo, chargé des travaux publics, postes et télécommunications[202]. Les activités politiques sont à nouveau tolérées mais Lamizana s'en méfie. Son credo est que l'immaturité politique des dirigeants voltaïques constitue un facteur de division et de confusion : *« les jeux politiques peuvent être supportés sans dommages par les pays très développés [...], il en va tout autrement de la Haute-Volta[203]»*. Répondant à cela, les quatre principaux partis organisent une table ronde en octobre 1966. A défaut de s'entendre, ils définissent des priorités comme le jugement des dignitaires de la 1ère République et le retour à une vie constitutionnelle et républicaine[204]. Cependant, lorsque Maurice Yaméogo, ancien président, est libéré et rentre à Koudougou, sa ville natale, des affrontements entre des membres de l'U.D.V.-R.D.A., son parti, et des militants du M.L.N. ont lieu, suite à un meeting organisé par Joseph Ki-Zerbo. Lamizana dispose alors d'un prétexte pour décréter la suspension des activités politiques, lors d'une annonce du Conseil Supérieur des Armées, en décembre 1966. Le même jour, il proclame sa décision de rester quatre années au pouvoir et de se retirer à l'issue de cette période. Ces annonces brutales sont adoucies par la décision de préserver la liberté syndicale, le minimum venant d'un pouvoir réclamant le dialogue[205].

Devant ce durcissement du pouvoir, le M.L.N. est à nouveau dans l'obligation de poursuivre ses activités de manière officieuse, à l'unisson de tous les partis politiques. Cependant, la liberté syndicale étant réelle, l'activisme de Joseph Ki-Zerbo et de ses fidèles peut se manifester quasi-librement. Leurs soutiens se retrouvent chez les élites lettrées du pays, enseignants, élèves, étudiants[206]. Le milieu étudiant est acquis à Joseph Ki-Zerbo puisque le

---

201 D'après Kabeya Muase C., *op. cit.*, p. 91.

202 D'après Kaboré R.-B., *Histoire politique ...*, *op. cit.*, p. 69.

203 D'après le discours à la nation de Lamizana du 20 juin 1966 dans Lejeal F., *op. cit.*, p. 85.

204 D'après Kaboré R.-B., *op. cit.*, p. 71.

205 *Idem*, p. 72.

206 *Ibid.*, p. 79.

M.L.N. est à la tête de l'U.G.E.V., Union Générale des Etudiants Voltaïques. Aussi, en sa qualité d'inspecteur d'académie et de directeur général de l'éducation nationale entre 1963 et 1968[207], il exerce une certaine influence au sein du syndicat unique des enseignants, le S.N.E.A.H.V., Syndicat National des Enseignants Africains de Haute-Volta, qui a pour secrétaire général Ali Lankouandé, un fidèle du M.L.N.[208].

Le gouvernement est remanié au début de 1967 et ne compte plus de membres du Mouvement de Libération Nationale. Le pouvoir s'attelle toujours à restaurer la situation déficitaire des finances de l'Etat. Le ministre de l'économie, Marc Garango, symbolise cette période. L'austérité qu'il impose, dénommée « Garangose » par la population, permet d'assainir le budget en quelques années seulement[209]. Le 20 décembre 1969, les restrictions aux activités politiques sont levées tandis qu'un nouveau projet de constitution est en préparation, avec le retour de la démocratie en point de mire[210].

4. Le visage officiel du M.L.N.

L'année 1970 consacre le retour des partis politiques dans la vie publique voltaïque. Le M.L.N. entre dans une nouvelle phase, loin de la clandestinité. Pour diffuser ses idées et ainsi élargir son électorat, il crée son journal, *L'Eclair*, dont le premier numéro sort le 30 mars 1970[211]. Cet organe bimensuel d'information présente une couverture chargée de symboles. On y distingue la poignée de mains entre un notable et un paysan, la daba[212] sur l'épaule, signe de l'ouverture du parti au monde rural

---

207 Voir 3ème partie.

208 D'après les archives de l'assemblée nationale du Burkina-Faso, archive n° 565.

209 D'après Lejeal F., *op. cit.*, p. 90.

210 *Idem.*

211 Voir la couverture de *L'Eclair*, n° 30, mars 1972, annexes, p. 169.

212 Outil du paysan par excellence, il est le symbole du cultivateur voltaïque.

tandis qu'apparaît le proverbe africain : « *Traversez la rivière en masse et vous n'aurez rien à craindre du crocodile* ». On retrouve dans *L'Eclair* les discours de Joseph Ki-Zerbo, l'éditorial, le plus souvent signé de sa main et l'ensemble des textes officiels du parti, par exemple les statuts[213] ou encore les comptes-rendus de congrès, les communiqués de presse... Le journal s'intéresse également à la vie politique intérieure et s'ouvre parfois à la politique internationale avec, par exemple, le numéro spécial sur l'O.U.A., Organisation de l'Unité Africaine[214] ou encore celui sur Kwamé N'Krumah, en guise d'hommage[215], deux thèmes chers à Joseph Ki-Zerbo. Cette publication est donc riche et ne se limite pas à une propagande stérile. Elle contribue grandement à enraciner le M.L.N. dans le paysage politique voltaïque.

Il est nécessaire, à ce stade, de s'arrêter sur les fondements idéologiques et sur le projet défendu par le Mouvement de Libération Nationale dirigé par le Professeur Joseph Ki-Zerbo. Le M.L.N. est un parti socialiste, créé sur une base non communiste[216]. Cette notion constitue l'essence même du M.L.N. depuis sa fondation en 1958. Joseph Ki-Zerbo insiste souvent sur cet aspect[217] puisque nombre de ses détracteurs apparentent son parti au communisme et au collectivisme. En effet, ses adversaires politiques assimilent le M.L.N. aux expériences malheureuses de Modibo Keita au Mali et de Sékou Touré, en Guinée[218]. Aussi, des rumeurs se propagent selon lesquelles le M.L.N. utilise des diplomates soviétiques pour satisfaire ses moyens et qu'il sert de base

---

213 Voir *L'Eclair*, n° 8, 15-30 juillet 1970.

214 Voir *L'Eclair*, n° 22, juin 1971.

215 Voir *L'Eclair*, n° 31, avril 1972.

216 D'après *L'Eclair*, n° 3, 1er-15 mai 1970, p. 6.

217 Voir son allocution reprise dans *L'Eclair*, n° 3, 1er-15 mai 1970, p. 6.

218 Critiques de l'U.D.V.-R.D.A. contre le M.L.N. lors de son meeting du 21 juin 1970 à Garango, d'après *L'Eclair*, n° 7, 1er-15 juillet 1970.

de pénétration du communisme en Haute-Volta[219]. Certains ont même lancé le slogan « *Ko Tid Poui* » signifiant « *Il faut cultiver et les récoltes seront redistribuées à tous* », dans le but de discréditer le parti aux yeux des électeurs et des populations rurales[220]. Si ce n'est le terme de camarade ou de « *masses voltaïques* », fréquemment repris dans les discours, les idées du parti incarné par Joseph Ki-Zerbo sont loin d'être marxistes. Le M.L.N. prône une démocratie solidaire et permanente consistant en un dialogue constant entre les responsables, à tous les niveaux, et les masses populaires, sorte de « démocratie participative ». Sa devise est : « *Unité, solidarité, progrès, justice sociale*[221] ». Désireux de promouvoir l'unité nationale, il condamne le tribalisme, le régionalisme et souhaite l'unité politique pour éviter les divisions stériles. Reprenant une des convictions personnelles de Joseph Ki-Zerbo, déjà abordée précédemment, le militant du M.L.N. doit œuvrer en faveur de l'unité africaine, pour permettre à l'Afrique de peser dans les domaines politiques et économiques à l'échelle mondiale. Appuyant l'indépendance nationale et la coopération internationale, le M.L.N. condamne l'impérialisme et le néo-colonialisme sous toutes les formes, notamment les aides financières aliénantes, qui n'aident pas les initiatives africaines mais satisfont les intérêts occidentaux[222]. Son action est guidée par quelques principes comme la direction collégiale, l'autocritique ou encore le respect des croyances[223]. Outre Joseph Ki-Zerbo, secrétaire général, on retrouve entre autres Pierre-Claver Damiba, Alexandre Sawadogo, Henri Guissou, Ali Lankouandé[224].

Le Mouvement de Libération Nationale se perpétue ainsi selon les orientations définies lors de sa création, en 1958.

---

219 D'après la déclaration de Justin Vieyra dans *Jeune Afrique* du 7 avril 1970 repris dans *L'Eclair*, n°4, 15-30 mai 1970.

220 D'après Kaboré R.-B., *op. cit.*, p. 81.

221 D'après *L'Eclair*, n° 8, 15-30 juillet 1970, p. 3.

222 D'après *L'Eclair*, n° 3, *op. cit.*, pp. 7-8.

223 D'après *L'Eclair*, n° 8, *op. cit.*, p. 3.

224 *Idem*, p. 8.

Dorénavant, son combat a pour cadre la nation de Haute-Volta. Il incarne l'opposition de gauche modérée face au régime militaire en place. Il rallie principalement le milieu enseignant et étudiant ainsi que la petite bourgeoisie urbaine, lettrée, qui se laisse séduire par les idées progressistes de l'intellectuel Joseph Ki-Zerbo.

Chapitre 2 : Les années 1970 ou l'existence politique à travers l'agitation syndicale

1. La 2ème République et les échéances électorales de 1970

Face au régime de Lamizana, le M.L.N. a des difficultés à peser politiquement et, d'autant plus, à manifester son mécontentement et sa volonté d'ouverture démocratique. En cette année 1970 riche en événements électoraux, le M.L.N. peut enfin s'exprimer et jauger son audience électorale. Un projet de constitution est soumis à référendum. Le M.L.N. se prononce « pour » la nouvelle constitution en exprimant toutefois des réserves : *« Le Oui du M.L.N. est synonyme d'un Non à une éventuelle dictature militaire*[225] *»*. Le texte ne donne pas entière satisfaction mais son approbation se veut responsable, signe d'un parti ayant acquis une certaine maturité. En effet, la reprise d'une vie constitutionnelle normale est primordiale en dépit du maintien du régime militaire[226]. La nouvelle constitution est adoptée massivement par référendum le 14 juin 1970. La Deuxième République voltaïque voit le jour. Cette constitution introduit le multipartisme et crée un poste de premier ministre. Cependant, elle indique également que le pouvoir reste pendant quatre années supplémentaires dans les mains du militaire le plus gradé, autrement dit Sangoulé Lamizana, ce qui se traduit comme un nouveau passage en force du régime[227].

Les élections législatives suivent en décembre 1970. Elles consacrent la mainmise électorale de l'U.D.V.-R.D.A. qui recueille une grande majorité des sièges. Le M.L.N. gagne cinq sièges derrière le P.R.A. qui en reçoit douze[228].

---

225 D'après l'allocution de Joseph Ki-Zerbo lors de la conférence nationale du M.L.N. dans *L'Eclair*, n°5, 01-15 juin 1970.

226 D'après *L'Eclair*, n° 5, *op. cit.*.

227 D'après Lejeal F., *op. cit.*, p. 91.

228 *Idem*, p. 90.

L'alliance entre les deux principaux partis leur donne une écrasante majorité et porte Joseph Ouédraogo à la présidence de l'assemblée. Le M.L.N. s'entend avec des députés indépendants pour former une opposition de huit membres contre quarante-neuf[229]. Ce résultat est décevant pour le parti du Professeur. Il peut s'expliquer par la propagande mensongère faite à l'encontre du parti et déjà entrevue auparavant. Malgré ce semi échec, Joseph Ki-Zerbo devient député pour la première fois et se prépare à participer aux travaux législatifs. Quant au chef de l'Etat, qui s'est à nouveau autoproclamé président de la Deuxième République voltaïque, il prouve une infime volonté d'ouverture en composant un gouvernement composé majoritairement de civils, dirigé par le premier ministre Gérard Kango Ouédraogo, mais dans lequel ne figure aucun membre du M.L.N.[230].

Absent du gouvernement et faiblement représenté à l'assemblée, le M.L.N. s'illustre sur la scène politique à travers les syndicats. Pourtant, il perd la direction de l'U.G.E.V. qui revient à la mouvance communiste du P.A.I., Parti Africain de l'Indépendance. Mais le monde syndical enseignant est toujours rangé du côté du M.L.N.. Au début des années 1970, le syndicat enseignant unique, le S.N.E.A.H.V., voit nombre de ses militants se retirer en raison de désaccords avec la présidence du syndicat. Ces derniers fondent alors le S.U.V.E.S.S., Syndicat Unique des Enseignants du Secondaire et du Supérieur, lors du congrès fondateur de juillet 1972. Quelques mois plus tard, le changement de direction au S.N.E.A.H.V. efface les divergences entre les deux syndicats qui reprennent leur dessein commun. Le M.L.N., par le biais des deux syndicats, déclenche ainsi une longue grève à partir de janvier 1973. Ecoles et lycées sont paralysés plusieurs semaines jusqu'à ce que le pouvoir réponde à certaines revendications des enseignants[231].

---

229 D'après Kaboré R.-B., *op. cit.*, p. 81.

230 D'après Lejeal F., *op. cit.*, p. 91.

231 D'après Kaboré R.-B., *op. cit.*, p. 82.

Dans le même temps, le premier ministre abuse de la position de force de son parti à l'assemblée et fait adopter des lois allant à l'encontre des prérogatives du président. Les militaires démissionnent du conseil des ministres et laissent libre cours aux querelles politiciennes entre le premier ministre et le président de l'assemblée. L'attitude des deux hommes entraîne un véritable blocage institutionnel qui paralyse le fonctionnement de l'Etat. Devant ces querelles partisanes que le président Sangoulé Lamizana déteste par-dessus tout, il décide à nouveau de se réapproprier l'essentiel du pouvoir[232] et fait jouer l'article 35 de la constitution qui stipule que, devant une telle situation, le président peut prendre des mesures exceptionnelles. Cet épisode du 8 février 1974 constitue un véritable coup d'Etat constitutionnel après le précédent de 1970, lorsque les militaires se sont donné quatre années supplémentaires à la tête de l'Etat[233].

Un Gouvernement de Renouveau National, largement composé de militaires, est mis en place[234]. Les activités politiques sont à nouveau suspendues mais la presse et les syndicats demeurent libres[235]. Au même moment, le pouvoir militaire doit faire face à de nombreuses difficultés. Le choc pétrolier de 1974, qui renchérit les prix du pétrole, porte un lourd préjudice à l'économie du pays. En effet, le pétrole, sur lequel s'indexent les tarifs de l'électricité, constitue l'énergie principale. Simultanément, une période de sécheresse, synonyme de désertification des régions nord du pays, cause le déplacement des populations pastorales de cette zone, les peuls[236]. Cependant, malgré l'agitation syndicale qui se substitue à nouveau aux querelles politiques, la crise est peu à peu surmontée[237].

Le 29 novembre 1975, Lamizana annonce la création du M.N.R., Mouvement National pour le Renouveau, qui doit

---

232 D'après Lejeal F., *op. cit.*, p. 94.

233 *Idem.*

234 D'après Kabeya Muase C., *op. cit.*, p. 135.

235 D'après Kaboré R.-B., *op. cit.*, p. 85.

236 D'après Kabeya Muase C., *op. cit.*, p. 137.

237 D'après Lejeal F., *op. cit.*, p. 97.

réunir toutes les forces politiques. Face à cette volonté d'imposer un parti unique, les confédérations syndicales ripostent. Protestant contre diverses mesures et réclamant une hausse des salaires, les syndicats organisent une grève générale les 17 et 18 décembre 1975[238]. Ils ne relâchent pas la pression et poursuivent leur mouvement avec de nouvelles grèves en janvier 1976. Le général Lamizana établit alors un compromis. Il augmente les salaires et les bourses des étudiants et nomme un nouveau gouvernement[239]. Le nouveau conseil des ministres, nommé le 9 février, voit la présence marquée du M.L.N. ainsi que celle d'un responsable syndical, Zoumana Traoré, au ministère du travail et de la fonction publique[240]. Le pouvoir militaire montre là sa capacité de conciliation et son habileté politique puisqu'il casse l'unité syndicale. En effet, la C.S.V., Confédération Syndicale Voltaïque, proche du M.L.N. et l'U.S.T.V., organisation de Zoumana Traoré, en raison de leur présence au gouvernement, ne répondent pas à l'appel à la grève de mars 1976 et condamnent de ce fait la bonne marche de la manifestation.

Le M.L.N. de Joseph Ki-Zerbo reçoit donc d'importantes responsabilités ministérielles. Si cette présence au sommet semble être le moyen d'affaiblir le mouvement syndical, au vu de l'influence du M.L.N. dans ses rangs, elle constitue une opportunité pour le M.L.N. de peser dans les décisions de l'Etat. Cependant, un nouveau remaniement ministériel intervient le 13 janvier 1977. Le parti de Joseph Ki-Zerbo refuse de siéger dans ce nouveau gouvernement, recueillant trois sièges au lieu des quatre demandés. Il s'en explique en ces termes : « *Le Non du MLN n'est dirigé ni contre l'armée en tant que telle, ni contre les forces progressistes qui existent dans les autres tendances. Le Non du MLN est un Non provoqué par des questions de méthodes, de principes et de fond*[241] ». Très vite, les conséquences de cette décision se font sentir. Le

238 D'après Kabeya Muase C., *op. cit.*, p. 135.

239 *Idem*, p. 143.

240 D'après Kaboré R.-B., *op. cit.*, p. 97.

241 *Idem*, p. 101.

S.N.E.A.H.V., fortement influencé par le M.L.N., lance à nouveau des préavis de grève pour mai 1977[242].

Joseph Ki-Zerbo et son parti, voulant à tout prix peser, s'en remettent à l'agitation syndicale lorsque leurs revendications ne sont pas entendues. Ce seul moyen d'expression est exploité au mieux par le parti du Professeur.

2. Vers un retour à la démocratie ?

L'année politique 1977 s'annonce riche avec un projet de constitution et la perspective des élections l'année suivante. Pour préparer ces échéances, le M.L.N. organise un congrès, les 5 et 6 novembre, pendant lequel il se mue en U.P.V., Union Progressiste Voltaïque[243]. Ce nouveau parti regroupe des anciens du R.D.A., du P.R.A. et du M.L.N.[244]. On retrouve auprès de Joseph Ki-Zerbo, toujours secrétaire général du parti, des figures comme Sitafa Sanon, Henri Guissou, Batagoma Ouattara et Alain Ouédraogo. Certains anciens militants du M.L.N. se retirent, jugeant que le nouveau parti s'éloigne de ses convictions socialistes, ce dont Joseph Ki-Zerbo se défend[245]. Son nouveau parti résulte d'un ralliement de militants autour du mot d'ordre : *« Appel à l'union pour le changement*[246] ». Il proclame haut et fort sa capacité de regroupement en prenant l'exemple des journées historiques du 3 janvier 1966 et des 15 et 16 décembre 1975, lors desquelles le M.L.N. a prouvé qu'il peut mobiliser les foules en nombre[247]. Il dispose également d'un organe d'information, *La voix du peuple*[248], qui paraît tous les mois. Sa couverture reprend les deux symboles du parti, la couleur jaune et la représentation d'*« un paysan*

---

242 *Ibid.*

243 *Ibid.*, p. 107.

244 D'après *La Voix du peuple*, n° 1, novembre 1977.

245 D'après Kaboré R.-B., *op. cit.*, p. 107.

246 D'après *La voix du peuple*, n° 1, *op. cit.*.

247 *Idem.*

248 Voir la couverture de *La voix du peuple*, n° 10, annexes, p. 170.

tenant à la main gauche levée une gerbe de céréales et sur l'épaule droite une daba[249] ». Aussi, comme à l'accoutumée, un proverbe africain affiche la philosophie du parti : « *La calebasse tenue ensemble ne cassera jamais* ». Ce journal succède à *L'Eclair*. A un nouveau parti doit correspondre une nouvelle publication, pour marquer le changement. Cependant, sa présentation et son contenu diffèrent peu de son prédécesseur.

Cette mutation doit surtout insuffler un vent de nouveauté au parti et lui donner un rayonnement plus large dans la société en vue des échéances électorales. Sans s'éloigner de ses convictions de départ, à savoir un socialisme solidaire et une volonté d'unité, tant au niveau national qu'au niveau interafricain, l'U.P.V. veut rallier à sa cause les électeurs indécis et les séduire par une alternative modérée et surtout réaliste. Le projet de constitution donne lieu à un référendum le 27 novembre 1977. Les partis politiques, tolérés depuis le 10 octobre, appellent à l'unanimité à se prononcer pour le « Oui ». Ils sont entendus puisque la nouvelle constitution est adoptée à 98,70%[250]. C'est la naissance de la Troisième République de Haute-Volta, après promulgation le 13 décembre par ordonnance du chef de l'Etat[251]. Une constitution est la base d'un retour à la normalité et l'U.P.V. déclare à cet effet, rappelant la déclaration du M.L.N. de 1970, que « *la démocratie vaut bien une Constitution, même boiteuse*[252] ». Cette dernière reconnaît le droit de grève et instaure un régime parlementaire. Ce texte constitutionnel présente une originalité en instituant la notion de tripartisme selon laquelle seuls les trois premiers partis aux élections législatives peuvent se maintenir à l'assemblée. Cette formule inédite révèle une tentative de compromis de la part du chef de l'Etat entre le parti unique, qu'il a voulu créer sans succès, et les dérives

---

249 D'après Article 2, règlement intérieur de l'U.P.V..

250 D'après Kaboré R.-B., *op. cit.*, p. 110. Cependant, d'après Frédéric Lejeal, *op. cit.*, p. 102, le « Oui » aurait recueilli 69,84%.

251 D'après Kaboré, *op. cit.*, p. 110.

252 D'après *La voix du peuple*, n° 2, décembre 1977.

politiciennes, qu'il déplore depuis son accession au pouvoir[253].

Dans la foulée, les élections législatives ont lieu le 30 avril 1978. L'U.P.V. arrive troisième des suffrages et peut ainsi siéger en vertu de la constitution. L'U.D.V.-R.D.A. obtient vingt huit sièges, l'U.N.D.D. en obtient treize et l'U.P.V. neuf sièges[254]. Les élections se sont déroulées de la meilleure des façons. La démocratie tant réclamée semble alors prendre place en Haute-Volta.

3. Joseph Ki-Zerbo, président de la 3ème République ?

Enfin, pour clore les échéances électorales de l'année 1978, les élections présidentielles sont prévues pour les 14 et 28 mai. Au nom de l'U.P.V., Joseph Ki-Zerbo se porte candidat. *« Cette décision, qui a été prise par l'U.P.V., consacre les années de lutte qui ont été accomplies par le secrétaire général de cette formation politique et aussi consacre toute une évolution qui s'est dessinée dans notre pays depuis en particulier le 3 janvier 1966 et aussi depuis novembre 1975*[255] *»*. On dénombre quatre candidats à la magistrature suprême. Sangoulé Lamizana a le soutien du P.R.A. et de l'U.D.V.-R.D.A.. Joseph Ouédraogo est quant à lui appuyé par une petite frange de l'U.D.V.-R.D.A.. Enfin, Macaire Ouédraogo, le dernier candidat, est appuyé par l'U.N.D.D. et notamment Maurice Yaméogo, l'ancien président, qui ne peut se présenter. Face aux autres prétendants, Joseph Ki-Zerbo insiste sur une politique objective et juste : *« Je me présente avec un programme bien articulé et objectivement fondé, qui se distingue nettement de celui des autres candidats. En fait, ma candidature est la seule candidature pour un changement positif [...]. La guérison de notre pays et sa reconstruction resteront toujours des mirages inaccessibles tant qu'elles ne seront pas fondées sur les*

253 D'après Lejeal F., *op. cit.*, p. 103.

254 *Idem.*

255 D'après *Appel pour le changement, op. cit.*, p. 16.

trois piliers suivants : la satisfaction des besoins élémentaires de tous, la valorisation du travail voltaïque, la participation responsable de nos compatriotes à tous les niveaux[256] ».

Pourtant, le Professeur arrive quatrième et dernier du premier tour avec 16,06% des voix. Manquant de peu le troisième rang, il assiste au duel Sangoulé Lamizana – Macaire Ouédraogo au second tour. Le président en exercice sort vainqueur du scrutin avec 56,27% des suffrages, score étonnant à une époque où les élections, dans les jeunes nations africaines, se soldent souvent par des scores usurpés avoisinant les 100%[257]. Un nouveau gouvernement est formé, sans aucun membre de l'U.P.V.. Mais ce gouvernement démissionne et on propose alors deux ministères à l'U.P.V. qui décline l'offre, refusant de « *se salir les mains*[258] ». Enfin, alors qu'il est membre de la commission des affaires générales et institutionnelles de l'assemblée nationale[259], Joseph Ki-Zerbo décide de démissionner de son poste de député le 1er novembre 1978. Cette décision trouve plusieurs origines[260] mais exprime néanmoins un désaveu profond de la politique de l'Etat. La conséquence est le retour de la fronde syndicale, arme absolue pour l'U.P.V., déçu d'une telle attitude au sommet de l'Etat. Un schéma déjà entrevu depuis plus d'une dizaine d'années devait se reproduire mais cette fois, l'opposition devient plus virulente et le pouvoir vacille à nouveau.

La décennie 1970 voit ainsi le parti de Joseph Ki-Zerbo développer son électorat sans toutefois parvenir à peser au sommet de l'Etat. Les conditions difficiles de son existence, réduit qu'il en est à s'exprimer par la voie syndicale, peuvent expliquer l'échec relatif de son entreprise. Tout cela met en lumière la difficulté d'exister, pour un parti d'opposition, dans une jeune nation où la démocratie, tant proclamée, est exercée par des militaires.

---

256 D'après Kaboré R.-B., *op. cit.*, p. 117.

257 *Idem*, p. 119.

258 D'après *L'Observateur*, quotidien voltaïque, juillet 1978.

259 D'après les archives de l'assemblée nationale du Faso, n° 71.

260 *Idem*, n° 110. Voir annexes, pp. 180-181 et 3ème partie.

Chapitre 3 : De la notoriété à la traversée du désert (1980-1995)

Cette page de la carrière politique de Joseph Ki-Zerbo correspond à une nouvelle époque. Les générations se succèdent au pouvoir tandis que l'U.P.V. tente toujours d'exister, tant bien que mal. D'un petit passage au pouvoir à une désertion totale du champ politique, Joseph Ki-Zerbo doit se résoudre à endosser le rôle de l'éternel opposant.

1. Le coup d'Etat du 25 novembre 1980

En cette année 1979, la situation demeure floue à la tête de l'Etat entre Lamizana et le président de l'assemblée nationale, Gérard Kango Ouédraogo, qui manœuvre pour concentrer le maximum de pouvoir entre ses mains[261]. Le 24 février, les forces de l'opposition, regroupant le Front du Refus-R.D.A., l'U.N.D.D. et l'U.P.V. se réunissent sur la place du 3 janvier, ancienne place d'armes. Il en ressort une vive critique de l'action du gouvernement, attestée par la déclaration du Professeur Ki-Zerbo : « *Tout se passe aujourd'hui comme si on avait décidé que notre pays, la Haute-Volta était un pays manchot qui n'utilise qu'une seule main, alors qu'elle en a deux... Dans les pays civilisés, il arrive qu'on associe tout le temps l'opposition à la gestion des affaires. On consulte les dirigeants de l'opposition. Malheureusement, dans notre pays... on essaie d'apporter sa pierre et les gens qui sont au pouvoir refusent. Dans notre pays, où il y a plus de paralytiques qu'ailleurs, on essaye d'apporter des béquilles et les paralytiques refusent*[262] ». La comparaison, saisissante, donne la preuve que l'ouverture démocratique, espérée après le bon déroulement des élections, est un leurre. Au

---

261 D'après Kabeya Muase C., *op. cit.*, p. 145.

262 Allocution de Joseph Ki-Zerbo dans Kaboré R.-B., *op. cit.*, p. 127.

début de l'année 1980, l'U.P.V. devient le F.P.V., Front Populaire Voltaïque. Joseph Ouédraogo, responsable du Front du refus-R.D.A., rallie à cette occasion le parti du Professeur. Remarquons que cet homme a été, avec Joseph Ki-Zerbo, à l'origine des événements qui ont précipité la chute de Maurice Yaméogo, en 1966. Depuis, il a choisi d'évoluer hors du M.L.N. et de l'U.P.V.. Comme un signe, il rejoint Joseph Ki-Zerbo à l'aube d'un mouvement syndical de grande ampleur qui n'est pas sans rappeler les événements de 1966[263].

En effet, le mouvement social se met en place peu à peu. D'abord, le S.U.V.E.S.S., syndicat des enseignants du secondaire et supérieur, appelle à une importante grève en avril 1979. La plupart des organisations syndicales répondent à l'appel et donnent vite de l'ampleur à la contestation. Les menaces du pouvoir de déposer une loi interdisant le droit de grève ne font qu'augmenter le mécontentement. Ce climat délétère est couronné par l'appel à la grève du S.N.E.A.H.V., syndicat des enseignants africains de Haute-Volta, proche de Joseph Ki-Zerbo, à compter du 1er octobre 1980. Le mouvement s'en prend directement au ministre de l'éducation, Domda Konaté, vieil instituteur à la retraite. Très vite, la situation devient explosive. Le S.N.E.A.H.V., rapidement rejoint par le S.U.V.E.S.S., refuse d'assurer la rentrée scolaire. Devant cette fronde syndicale à toute épreuve, le président Lamizana ne peut rien. Il convoque et menace, en vain, les responsables des syndicats et le Professeur Joseph Ki-Zerbo qui ne cache pas son implication dans cette démarche de déstabilisation. Le mois d'octobre s'achève et la plupart des syndicats ont rejoint le mouvement. Une grève illimitée est alors engagée par le S.U.V.E.S.S. à compter du 29 octobre. Le pays est totalement paralysé par ces événements qui se concluent, le 25 novembre 1980, avec un nouveau coup d'Etat, mené par le colonel Saye Zerbo et ses hommes du Régiment Inter-Armes d'Appui. Quatorze ans après le renversement de Maurice Yaméogo,

---

263 D'après Lejeal F., *op. cit.*, p. 106.

le deuxième coup d'Etat de l'histoire de la Haute-Volta a lieu[264].

Résultat d'un mouvement de déstabilisation initié par les syndicats enseignants proches du F.P.V., ce coup d'Etat observe certaines similitudes avec celui du 3 janvier 1966. L'objectif de départ était certainement de reproduire le même schéma de prise du pouvoir. Cependant, la mobilisation de la rue n'étant pas suffisante, l'armée a du s'employer pour renverser le régime de Sangoulé Lamizana. Il semble donc évident, pour nombre d'observateurs, que cette prise du pouvoir résulte d'une conspiration mûrement réfléchie entre la corporation enseignante et une nouvelle génération d'officiers[265]. Joseph Ki-Zerbo endosse le rôle d'initiateur de ce coup d'Etat à travers son action depuis 1978. Démission de l'assemblée nationale en 1978, ouverture de son parti avec le ralliement du grand opposant Joseph Ouédraogo, soutien avéré au mouvement syndical dès octobre 1980 ou tant d'éléments qui confirment son implication dans le renversement de Lamizana. Cependant, quelles sont ses relations directes avec le colonel Saye Zerbo, mis à part la parenté ethnique, ainsi que son action lors des opérations de prise du pouvoir par la force ? La question est posée.

2. L'exercice difficile du pouvoir

Condamné par la communauté internationale et notamment la France[266], ce changement à la tête de l'Etat est salué comme *« une grâce de Dieu*[267] *»* par le peuple voltaïque. Celui-ci y voit la fin de l'agitation sociale et la mise à l'écart de dirigeants qui ont, à la longue, prouvé leur incompétence[268]. Le C.M.R.P.N., Comité Militaire de Redressement pour le Progrès National, est institué. On y compte la présence marquée de ministres issus de la

---

264 D'après Kabeya Muase C., *op. cit*, pp. 149-151.

265 D'après Lejeal F., *op. cit.*, p. 108.

266 D'après Kabeya Muase C., *op. cit.*, p. 151.

267 Selon les mots du cardinal de Ouagadougou Paul Zoungrana dans Kaboré R.-B., *op. cit.*, p. 132.

268 D'après Kabeya Muase C., *op. cit.*, p. 154.

tendance F.P.V. de Joseph Ki-Zerbo. Ces derniers occupent des postes clé comme l'éducation nationale et la culture, l'enseignement supérieur et la recherche scientifique, le commerce, le développement industriel et le secrétariat d'Etat chargé de l'hydraulique. Ceci confirme les liens supposés entre le F.P.V. et le colonel Saye Zerbo. De plus, les syndicats enseignants, S.N.E.A.H.V. et S.U.V.E.S.S., adressent une lettre de soutien au C.M.R.P.N., et garantissent de ce fait une trêve de l'agitation syndicale. Le nouveau régime s'attaque premièrement aux abus de l'Etat en réglementant l'utilisation du parc automobile et en revoyant à la baisse les salaires des hauts fonctionnaires. Une autre mesure est de fermer les débits de boissons pendant les heures de travail pour s'attaquer à l'absentéisme des fonctionnaires qui passent une partie de leur matinée, assis au maquis, à boire de la bière et consommer des brochettes. Cette décision entame lourdement le crédit du nouveau régime aux yeux des fonctionnaires et des tenanciers des débits de boissons. Pourtant, à travers son programme énoncé le 1er mai 1981, le gouvernement manifeste ses bonnes intentions. Les réalisations ne suivent cependant pas et le C.M.R.P.N., impuissant, voit monter le mécontentement de la population à l'égard de sa politique[269].

Avec le colonel Saye Zerbo, c'est la deuxième génération d'officiers de la Haute-Volta indépendante qui accède au pouvoir, succédant à la première génération incarnée par le général Lamizana. Si ce dernier pouvait se vanter de contenir son armée, ce n'est pas le cas de Saye Zerbo qui voit monter en force une troisième génération d'officiers dans l'armée voltaïque. Ceux-ci sont nés dans les années 1950 et, à la différence de leurs aînés, n'ont pas connu la colonisation et les combats sous les couleurs de la France. Ils sont menés par un petit groupe de jeunes capitaines parmi lesquels on trouve Thomas Sankara, Blaise Compaoré et Henri Zongo[270]. Le premier, Thomas Sankara, jouit déjà à l'époque d'une certaine popularité

---

269 D'après Kaboré R.-B., *op. cit.*, pp. 131-132.

270 *Idem*, p. 134.

après s'être illustré au combat lors du conflit frontalier entre la Haute-Volta et le Mali, en décembre 1974. Il est proche de la mouvance d'extrême gauche, marxiste, la LI.PA.D., Ligue Patriotique pour le Développement, qui évolue dans la clandestinité[271]. Ce parti est très présent dans les associations étudiantes, en Haute-Volta avec l'U.G.E.V., Union Générale des Etudiants Voltaïques, et même en France avec l'A.E.V.F., Association des Etudiants Voltaïques en France[272]. C'est ainsi que le C.M.R.P.N. fait appel à Thomas Sankara, en septembre 1981, pour occuper la fonction de ministre de l'information et également bénéficier de la popularité du jeune capitaine. Dans un premier temps, ce dernier refuse de siéger dans un gouvernement dont il ne partage pas les orientations. Cependant, à l'issue de tractations, il intègre le C.M.R.P.N. le 13 septembre 1981 pour une durée limitée de quelques mois, selon sa propre volonté. Quelques mois plus tard, en avril 1982, il se retire, adressant une phrase assassine, restée dans les mémoires, à Saye Zerbo : *« Malheur à ceux qui bâillonnent le peuple*[273] ». La sanction est immédiate, il est dégradé et déporté, de même que ses fidèles, Compaoré et Zongo.

A la suite de cet épisode, le C.M.R.P.N. accélère sa chute en décidant d'interdire le droit de grève à compter du 1er novembre 1981. Cette décision revêt de fait un aspect rocambolesque, alors que les leaders de l'agitation syndicale, S.N.E.A.H.V. et S.U.V.E.S.S., sont à l'arrêt depuis le changement à la tête de l'Etat. Elle est suivie d'une condamnation unanime, à l'échelle nationale et internationale. Le pouvoir doit reculer et lever l'interdiction. Alors, dès avril 1982, une série de grèves éclate. Le sort du C.M.R.P.N. est scellé, il est renversé le 7 novembre 1982 lors d'un nouveau coup d'Etat[274].

Joseph Ki-Zerbo et son parti ont participé de manière active à ce régime. Le F.P.V. occupait d'importantes responsabilités ministérielles et, de ce fait, ne se

---

271 D'après Lejeal F., *op. cit.*, p. 117.

272 D'après Kaboré R.-B., *op. cit.*, p. 126.

273 *Idem*, p. 135.

274 *Ibid.*, pp. 134-136.

manifestait plus par la voie syndicale. L'échec du C.M.R.P.N. symbolise donc un échec relatif de la politique voulue par Joseph Ki-Zerbo. Cependant, ce dernier n'avait aucun pouvoir mais, on peut l'imaginer, jouissait d'une certaine influence. Saye Zerbo a-t-il réellement gouverné comme l'aurait souhaité Joseph Ki-Zerbo ? Ou tout simplement, les mesures prises, peut-être maladroites, correspondaient-elles aux aspirations des citoyens ? On peut supposer que le F.P.V., son responsable en tête, a initié certaines décisions mais que c'est Saye Zerbo qui accaparait le pouvoir, notamment lorsque la situation se détériorait. Le résultat est donc relativement décevant pour le Professeur même si, de toute évidence, il ne pouvait peser à sa juste mesure.

3. La « Révolution voltaïque » sans Joseph Ki-Zerbo (1983-1987)

Les auteurs du coup d'Etat du 7 novembre 1982 appartiennent à plusieurs tendances dont le dénominateur commun est la haine du C.M.R.P.N.. Si certains éléments progressistes proches de Thomas Sankara y prennent part, ce dernier juge que la situation n'est pas encore assez mûre pour accéder au pouvoir. Le C.S.P., Comité de Salut du Peuple, est mis en place. Cependant, peu organisé, il se cherche encore un chef deux semaines après sa mise en place. Jean Baptiste Ouédraogo devient alors responsable du gouvernement tandis que Thomas Sankara est finalement appelé pour occuper les fonctions de premier ministre. Très vite, les divergences entre les deux tenants de l'exécutif éclatent. Thomas Sankara manifeste clairement sa volonté d'ouverture vers les pays communistes tandis que le président cherche des soutiens auprès de l'ancienne puissance coloniale et des pays du bloc occidental. Lors de discours enflammés, Thomas Sankara séduit des foules déjà acquises à ses envolées verbales révolutionnaires. Jean-Baptiste Ouédraogo se sent dépassé par son turbulent premier ministre. Il le fait arrêter et emprisonner. Cependant, la population s'oppose à cette décision et donne à Thomas Sankara et ses fidèles la preuve qu'ils peuvent dorénavant compter sur son soutien[275].Ainsi, après quelques mois à la tête de l'Etat, le C.S.P. est renversé par les hommes de Thomas Sankara. Blaise Compaoré, chef des commandos parachutistes de Pô, avait pris la direction des opérations. Le 4 août 1983, Thomas Sankara s'adresse au peuple voltaïque à la radio. Il devient président du C.N.R., Conseil National de la Révolution[276]. La Révolution Voltaïque allait enfin triompher. Ce nouveau régime, progressiste, présente rapidement son objectif, un développement autocentré, non dépendant des organismes internationaux. Il met l'accent sur le développement agricole selon la formule « *Produisons et consommons burkinabé*[277] ». Le C.N.R., appuyé par les C.D.R., Comités de Défense de la Révolution, à l'échelon local, s'engage à favoriser l'alphabétisation. Il s'illustre dans le domaine de la santé en lançant des campagnes de vaccination. L'accès à l'eau potable est aussi un axe de sa politique de développement. Au niveau de l'Etat, il développe les valeurs d'intégrité en adoptant lui-même un train de vie modeste. Il institue des règles de bonne conduite pour les fonctionnaires. Au niveau diplomatique, le régime de Thomas Sankara s'éloigne de la France pour se rapprocher de la Libye et de quelques autres pays « non-alignés »[278].

Il serait trop long de s'étendre sur l'action de Thomas Sankara. Notons qu'une année après son accession au pouvoir, lors des festivités du 4 août 1984, il décide de rebaptiser la Haute-Volta. Ce nom donné par le colonisateur a vécu, on doit parler dorénavant du Burkina-Faso, pays des hommes intègres, selon la traduction de ces deux mots, moré et dioula[279].

Joseph Ki-Zerbo, depuis la chute du régime de Saye Zerbo, observe impuissant la tournure des événements. Depuis l'indépendance du pays, il a joué un rôle influent avec sa formation politique. En effet, plusieurs fois, son

---

275 *Ibid.*, pp. 137-138.

276 *Ibid.*, p. 152.

277 D'après Lejeal F., *op. cit.*, p. 118.

278 *Idem*, pp. 117-124.

279 Les deux principales langues du pays.

action a eu des conséquences sur les décisions politiques et même, nous l'avons vu, sur les changements de régime. Depuis l'accession au pouvoir des nouvelles générations de militaires, le F.P.V. ne parvient plus à peser dans la vie politique voltaïque. Est-ce le signe que son heure est passée ? De plus, il est rapidement contraint à l'exil politique devant l'attitude du pouvoir de Sankara à son encontre.

Lors du coup d'Etat mené par Sankara, Joseph Ki-Zerbo est absent du pays. A son retour, il est immédiatement mis en résidence surveillée par les autorités. Devant ces circonstances, Joseph Ki-Zerbo demande à rencontrer Thomas Sankara qui tarde à répondre mais le reçoit tout de même. Le leader de la Révolution, lors de cet entretien, est franc et direct. Il explique sa volonté de libérer le peuple et met en garde tous ceux qui s'opposent à sa politique. Joseph Ki-Zerbo, *« frappé par la liberté de ses propos*[280]», se défend en déclarant être un opposant de toujours, appuyant un programme réfléchi depuis longtemps malgré quelques erreurs, inévitables en politique. Alors, devant l'intransigeance de Sankara et après des attaques publiques contre sa personne, Joseph Ki-Zerbo choisit la voie de l'exil.

Cependant, les orientations politiques de Sankara et de Joseph Ki-Zerbo ne sont pas aux antipodes l'une de l'autre. Le Professeur s'est toujours vanté de proposer une politique progressiste, en lien avec les masses paysannes. Mais le radicalisme de Sankara met en péril toute collaboration politique entre les deux hommes. Plus tard, alors qu'il est hors du pays, Joseph Ki-Zerbo reçoit des émissaires du président Sankara lui demandant de rentrer, que son pays a besoin de lui. D'accord sur le principe, Joseph Ki-Zerbo ne peut rentrer avant la fin de la Révolution[281].

En effet, malgré des réalisations louables et des avancées significatives, le régime sankariste se discrédite peu à peu aux yeux du peuple, notamment par l'action extrêmement

---

280 D'après Ki-Zerbo J., *A quand l'Afrique ?*, *op. cit.*, p. 135.

281 *Idem*, pp. 135-136.

répressive des C.D.R. dans les campagnes. De plus, Sankara, trahi par ses proches, est assassiné le 15 octobre 1987. L'Afrique perd un révolutionnaire au bilan contrasté mais dont le charisme reste ancré dans les mémoires burkinabés. D'après les mots de Joseph Ki-Zerbo, *« Sankara était un patriote sincère et désintéressé, un idéaliste volontariste. Il n'a jamais réalisé assez tôt que les conditions objectives de la révolution n'étaient pas réunies. De plus, le contexte s'opposait à la réalisation de son programme*[282]*»*. Une révolution est passée, sans Joseph Ki-Zerbo.

4. Le retour progressif du « Professeur » (1992-1995)

Pendant ce temps, le Professeur est en exil à Dakar. Le Front Populaire de Blaise Compaoré s'en prend encore à lui après 1987 et la mort de Thomas Sankara[283]. Il décide alors de patienter et de ne rentrer au pays que lorsque toutes les conditions de sécurité et de sérénité sont réunies, en 1992.

Au Burkina, un parti est créé sur les cendres du F.P.V. de Joseph Ki-Zerbo. Dirigé par Pierre Tapsoba, le C.N.P.P./P.S.D., Convention Nationale des Patriotes Progressistes du Parti Social-Démocrate, se réclame de la sociale-démocratie anti-communiste, comme son organisation défunte. Joseph Ki-Zerbo rallie ce nouveau parti dès son retour. Il prépare même les élections législatives de mai 1992 sous l'étiquette C.N.P.P. et est élu en compagnie de douze députés du même groupe. Le 15 juin 1992, lors de l'ouverture de la première session de l'assemblée des députés du peuple, Joseph Ki-Zerbo préside la séance en tant que doyen d'âge. Le Professeur retrouve ainsi une place dans l'échiquier politique burkinabé. Cependant, la place de secrétaire chargé des relations internationales au sein du C.N.P.P./P.S.D. ne peut guère convaincre le leader politique qu'il a toujours

---

282 *Ibid.*, p. 136.

283 *Ibid.*, p. 133.

été. Ce sentiment est exacerbé lorsqu'il est suspendu de ses fonctions *« pour attitudes et menées fondamentalement préjudiciables aux intérêts du parti*[284]», en date du 18 mai 1993. Alors, ce qui était prévisible a lieu, Joseph Ki-Zerbo constitue un nouveau parti, le P.D.P., Parti pour la Démocratie et le Progrès. Il est suivi par six députés et porte ainsi un grand coup au C.N.P.P./P.S.D. de Pierre Tapsoba. Le Professeur s'illustre à nouveau dans les joutes électorales burkinabés. Son parti prend vite de l'ampleur et pèse à nouveau dans l'opposition[285].

Le panorama de l'activité politique de Joseph Ki-Zerbo doit s'arrêter ici, au moment où il recommence le combat, après dix années d'absence. De nos jours, il occupe toujours la direction de ce parti qui n'a pas changé de nom. L'activité intense qu'il dégage force l'historien à suspendre son analyse pour éviter de sombrer dans les interprétations hâtives qu'il laisse aux « historiens du présent », les journalistes. Conclure sur le parcours de Ki-Zerbo relaté ici n'est pas aisé. Le lecteur peut être animé par un relatif constat d'échec. En effet, après trente-cinq ans de combat politique, le Professeur n'a pas réussi à changer le cours des choses, ni à mettre en œuvre sa politique lorsqu'il en a eu l'occasion. Comme déclare Serge Théophile Balima, journaliste et enseignant, *« le Professeur Ki-Zerbo semble n'avoir pas compris que dans l'arène politique [...], les médiocres et les compétents sont logés à la même enseigne*[286] ». Alice Tiendrébeogo, député, déclare quant à elle : *« je pense que le professeur aurait du se désengager de la politique et devenir l'homme de référence au Burkina-Faso, un peu comme l'est Mandela en Afrique du Sud*[287] ». Cependant, son itinéraire politique est louable et a symbolisé la résistance aux régimes autoritaires, porte-parole qu'il est d'un électorat fidèle, lettré, intellectuel mais malheureusement minoritaire.

---

284 D'après le communiqué officiel du C.N.P.P./P.S.D. dans Kaboré R.-B., *op. cit.*, p. 268.

285 D'après Kaboré R.-B., *op. cit.*, pp. 264-269.

286 D'après *24 heures*, journal burkinabé, vendredi 2 mars 2001.

287 *Idem.*

L'homme politique Ki-Zerbo est, depuis ses études parisiennes, un éminent historien formé à l'école occidentale. Alors qu'il s'adonne, sur le champ voltaïque, aux joutes politiques qui lui tiennent tant à cœur, l'Afrique émancipée voit un intellectuel à l'avenir prometteur qui se démène pour lui donner, dans ce 20ème siècle, la place qu'elle mérite.

Troisième partie

Joseph Ki-Zerbo, historien et intellectuel

Chapitre 1 : Un historien émérite

Après ses études en France, Joseph Ki-Zerbo décide de se consacrer à la marche en avant de son continent. Il œuvre ainsi sur le plan politique pour la libération et l'émancipation de l'Afrique et en particulier de son pays. Aussi, il s'implique dans le domaine intellectuel avec l'objectif de réhabiliter l'Afrique aux yeux du monde occidental. Pour ce faire, il s'attache à l'histoire et aux questions primordiales d'éducation et de développement. Voyons d'abord le motif de son attachement à l'étude du passé africain. De fait, pour des raisons diverses, la discipline historique a immédiatement convaincu Joseph Ki-Zerbo.

1. Une nécessité, revoir l'histoire de l'Afrique d'un point de vue africain

D'abord, toute la formation scolaire et universitaire de notre homme est marquée par l'absence de l'histoire africaine. Dans les manuels aussi bien que dans l'enseignement, l'Afrique est occultée à l'exception de quelques évocations de la traite des noirs ou d'autres références, notamment coloniales, mettant le continent africain en position d'infériorité par rapport à l'Europe. *« Son absence nous faisait mal et nous donnait soif. Le désir de l'exhumer, de s'en revêtir, est né de cette contradiction*[288] *»*. Joseph Ki-Zerbo veut par-dessus tout rendre le prestige ancien de l'Afrique, berceau de l'humanité, berceau d'inventions fondamentales et constitutives de l'espèce humaine pendant des centaines de milliers d'années[289]. A l'instar de Cheik Anta Diop, il voue une admiration pour la civilisation égyptienne qui est le produit des civilisations africaines anciennes, alors en avance sur le monde européen. Selon lui, la préhistoire

---

288 D'après Ki-Zerbo J., *A quand l'Afrique ?*, *op. cit.*, p. 11.

289 *Idem*, p. 9.

africaine et l'antiquité égyptienne constituent des sommets de l'histoire de l'Afrique, sorte d'âge d'or, tandis que, a contrario, l'apparition du désert du Sahara, la traite des Noirs et enfin la colonisation symbolisent ses plus grands fardeaux[290].

L'occultation de l'histoire africaine tout au long de sa formation provoque chez Joseph Ki-Zerbo un désir de relecture et une volonté farouche de corriger ce qui lui apparaît comme une absurdité. Ce sentiment est exacerbé par l'idée que les grands penseurs et historiens des 19ème et 20ème siècles se font de l'histoire de l'Afrique. Ce que Joseph Ki-Zerbo qualifie de *« barrage des mythes[291] »* se retrouve dans des citations telles : *« ces peuples n'ont rien donné à l'humanité[292] »* ou encore *« les races africaines n'ont pas participé à l'histoire[293] ».*

Joseph Ki-Zerbo a connu cette période pendant laquelle le paradigme de l'a-historicité des sociétés africaines était de mise. Il se doit, avec sa génération, de poursuivre le changement des mentalités entamé depuis peu. Les jeunes pays indépendants cherchent alors leur identité et les éléments d'une mémoire collective. La décennie 1960 est ainsi marquée par la multiplication des études sur le passé de l'Afrique, signe de temps meilleurs de l'historiographie africaine[294]. Un élément important de la réhabilitation de cette histoire est l'utilisation de la tradition orale africaine en tant que source historique. Joseph Ki-Zerbo balaye ainsi le terme « préhistoire » : *« là où il y a des humains, il y a histoire, avec ou sans écriture[295] »*. Il explique que *« la conception de l'histoire qui donne plus de place à l'oralité, aux événements concrets, à la solidarité clanique, ethnique ou tribale [...] est le reflet d'une évolution*

---

290 D'après *Appel pour le changement*, *op. cit.*, p. 24.

291 D'après Ki-Zerbo J., *Histoire de l'Afrique noire*, *op. cit.*, p. 10.

292 D'après Pierre Gaxotte dans Ki-Zerbo J., *Histoire de l'Afrique noire*, *op. cit.*, p. 10.

293 D'après Eugène Pitard dans Ki-Zerbo J., *Histoire de l'Afrique noire*, *op. cit.*, p. 10.

294 D'après Ki-Zerbo J., *Histoire de l'Afrique noire*, *op. cit.*, p. 9.

295 *Idem*, p. 12.

donnée, d'un stade donné du processus socio-économique et culturel des peuples africains[296] ». De plus, il fait remarquer que cette conception de l'histoire a été en vigueur dans les pays occidentaux à d'autres périodes de l'évolution de leur histoire. Aussi, pour surmonter les écueils rencontrés dans l'analyse du passé, archéologues, linguistes, ethnologues ou encore anthropologues décident de croiser leurs recherches. Toutes ces avancées, du traitement des sources orales à l'interdisciplinarité sont approfondies par Joseph Ki-Zerbo dans plusieurs ouvrages, en vue de définir une méthodologie d'approche de la « nouvelle histoire africaine[297] », nous l'abordons plus loin

Ecrire l'histoire de l'Afrique : *« il appartient en priorité aux historiens africains de s'atteler à ce travail*[298] ». Un peuple qui fait son histoire use d'un droit naturel. Le handicap des historiens africains est de ne pas être les premiers à construire leur histoire. Ils traversent donc *« une phase de résistance, de destruction de certains mythes qui ont beaucoup nui à la science historique*[299] ». Leur réhabilitation de l'histoire africaine peut comporter le risque d'être perçue comme une négation des histoires antérieures, occidentales. Une histoire « décolonisée » souffrirait alors d'un manque d'objectivité autant que l'histoire dite coloniale. Joseph Ki-Zerbo affirme *« la nécessité de refonder l'histoire à partir de la matrice africaine*[300] ». Autrement dit, cette histoire doit trouver son origine de l'intérieur. Toutefois, il ne souhaite pas que l'histoire de l'Afrique soit le monopole des historiens africains : *« nous avons besoin de savants du monde entier pour reconstruire notre histoire »*. Mais il réclame

---

296 D'après l'entretien entre Joseph Ki-Zerbo et M. Amengal dans Amengal M., *Une Histoire de l'Afrique noire est-elle possible ?*, Dakar-Abidjan, Les nouvelles éditions africaines, 1975, p. 43.

297 En référence au courant historiographique de la fin du 20ème siècle en France, incarné par les historiens tels que Jacques Le Goff, Georges Duby, Leroy-Ladurie, …

298 D'après Amengal M., *op. cit.*, p. 45.

299 *Idem*, p. 49.

300 D'après Ki-Zerbo J., *A quand l'Afrique ?*, *op. cit.*, p. 12.

« que nos collègues non Africains reconnaissent aussi qu'en tant qu'africains, nous sommes mieux placés qu'eux ».[301] Une fois ces préalables évoqués, l'historien de l'Afrique peut entrevoir son rôle vis-à-vis des peuples dont il ressuscite le passé, un rôle social. Au 20ème siècle, il vit à un moment de l'histoire de son continent qui le conduit à une analyse appropriée. En effet, il doit chercher à *« désaliéner les Africains dans leur mentalité, leur comportement, leur engagement*[302] *»*. Joseph Ki-Zerbo insiste bien sur le fait que les peuples africains *« sortent d'une aliénation multiséculaire datant du 15ème siècle et essayent de construire des Nations nouvelles dans un monde qui s'est considérablement transformé depuis le 15ème siècle*[303] *»*.

Selon lui, *« le système colonial se prolongeait jusque dans la sphère de la recherche »*, qui s'épanouissait dans les grands instituts à l'étranger. Ses propos sont durs lorsqu'il déclare que *« la recherche était un des instruments de la colonisation à un point tel que la recherche en histoire avait décidé qu'il n'y avait pas d'histoire africaine, et que les africains colonisés étaient purement et simplement condamnés à endosser l'histoire du colonisateur*[304] *»*. Alors, une histoire renouvelée peut jouer *« un rôle thérapeutique »* permettant aux pays en voie de développement de découvrir *« les sources, les racines de leur maladie d'aujourd'hui*[305] *»*. Ainsi, l'historien africain de la fin du 20ème siècle a un rôle émancipateur pour les sociétés africaines. Il doit, à travers l'histoire, rendre l'espoir aux nouvelles générations et les aider ainsi à appréhender l'avenir en toute confiance. Il doit gommer la présentation unilatérale de l'évolution de l'Afrique qui a laissé des traces considérables et des représentations erronées aux yeux des non africains[306] et évidemment des africains eux-mêmes.

---

301 *Idem*

302 *Idem*, p. 41.

303 *Ibid.*

304 D'après Ki-Zerbo J., *A quand l'Afrique ?*, *op. cit.*, p. 12.

305 D'après Amengal M., *op. cit.*, p. 41.

306 *Idem*, p. 45.

C'est donc animé par la volonté de relever ce défi intellectuel que Joseph Ki-Zerbo a étudié l'histoire à la Sorbonne au début des années 1950[307]. Rapidement, il se lance dans son entreprise de réhabilitation et donne le ton dès sa première œuvre d'historien. Au cours de son diplôme d'études supérieures d'histoire, en 1953, il traite de *La pénétration française dans les territoires de la Haute-Volta* et revisite l'épisode obscur de la conquête coloniale française dans sa contrée d'origine[308]. Par ce travail de recherche sur un événement peu glorieux de l'histoire coloniale française, il amorce son devoir de reconstruction du passé africain.

Sa première publication arrive en 1963, *Le monde Africain noir, histoire et civilisation*[309]. Cet ouvrage résonne alors comme un appel à la reconnaissance internationale de la civilisation africaine. Un premier chapitre présente les grands empires historiques, Ghana, Mali, Gao, (...) et leur évolution, de l'économie de traite à l'arrivée de l'impérialisme européen. Joseph Ki-Zerbo s'attarde d'ailleurs sur les résistances à l'occupation comme celle menée par El Hadj Omar Tall, à la fin du 19ème siècle, dans les territoires Toucouleurs. Le second chapitre s'arrête sur la description des peuples et civilisations traditionnels. On y retrouve la société précoloniale et son organisation interne, de l'Etat à la tribu, schéma encore en vigueur dans certaines contrées. Enfin, un dernier chapitre dresse un tableau critique de l'Afrique depuis 1944 dans lequel Joseph Ki-Zerbo exprime ses inquiétudes dans les domaines économiques et sociaux. Ce premier ouvrage édité donne un aperçu des regrets qui animent notre homme au lendemain des indépendances, lorsque l'Afrique entre de plain pied « dans le concert des nations ». L'évocation nostalgique des civilisations prospères du passé ou encore la condamnation des pratiques coloniales sont les éléments marquants de cette

---

307 Voir 1ère partie.

308 La conquête des territoires de Haute-Volta par les commandants Voulet et Chanoine fut terriblement sanglante et dévastatrice.

309 Voir la couverture, annexes, p. 171.

première œuvre qui illustre à merveille le sentiment de Joseph Ki-Zerbo au moment d'entamer son œuvre de réhabilitation historique et culturelle de l'Afrique.

2. Son œuvre majeure : *Histoire de l'Afrique noire, d'hier à demain*

En faisant un panorama rapide du passé du continent, sa première publication, comme une introduction, annonce un travail d'ampleur. Ainsi, en 1972 est publié son ouvrage de référence *Histoire de l'Afrique noire : d'hier à demain*[310]. On compte déjà à cette époque beaucoup de monographies d'historiens français, anglais ou africains portant sur une période ou une région donnée. En revanche, *« c'était la première fois qu'un auteur africain entreprenait, seul, une Histoire générale de l'Afrique Noire, depuis les premiers balbutiements des préhominiens jusqu'à nos jours*[311] *»*. Amorcé à Ouagadougou en 1962, ce *« rêve d'étudiant*[312] *»* est achevé en 1969. Sa réalisation, loin d'être aisée, amène son auteur à voyager dans nombre de capitales africaines et européennes, à la recherche des sources nécessaires à sa réalisation. Il est également dans l'obligation de demander une disponibilité de l'Etat voltaïque qui le libère pendant deux ans de ses tâches professorales[313]. Rédigé au fil de ses voyages, l'ouvrage final n'est que *« la caricature du rêve de l'étudiant*[314] *»*. Joseph Ki-Zerbo le reconnaît lui-même, vouloir en sept ans retracer l'histoire du continent africain est un projet démesuré : *« davantage de temps aurait permis d'en faire un monument moins indigne du passé colonial de ce continent gigantesque*[315] *»*. Ponctué d'une abondante bibliographie à l'issue de chaque chapitre et clôturé par de très nombreux documents iconographiques,

310 Voir la couverture, annexes, p. 172.

311 D'après Amengal M., *op. cit.*, p.50.

312 D'après Ki-Zerbo J., *Histoire de l'Afrique noire, op. cit.*, avant-propos. Voir annexes, pp. 173-175.

313 *Idem*, avant-propos.

314 *Ibid.*

315 *Ibid.*

il constitue un recueil *« imparfait, parfois approximatif*[316] *»*, mais tellement riche de l'histoire de l'Afrique subsaharienne. Quoi qu'il en soit, ce travail volumineux, plus de sept cent pages, a connu un franc succès comme l'atteste sa large diffusion, traduit dans plusieurs langues, et sa réédition, en 1978.

Joseph Ki-Zerbo n'a pas sombré dans les excès de certaines études contemporaines, dénaturées par leur ardeur anticolonialiste. D'un ton militant cependant, il a cherché à définir de nouvelles bases dans les rapports entre l'Afrique et les anciennes puissances coloniales[317], suivant les convictions qui ont forgé l'historien qu'il est.

Le sous-titre de cette monumentale recherche historienne, *« D'hier à demain »*, affiche d'entrée de jeu la démarche de Joseph Ki-Zerbo. Dans cet ouvrage fondateur s'expriment l'historien et l'intellectuel africain engagé pour une mise en récit objective du passé de son continent. La préface de Fernand Braudel, fondateur de l'Ecole des Annales est opportune pour saluer l'approche de Ki-Zerbo qui apporte des ouvertures méthodologiques nouvelles pour la rédaction de l'histoire de l'Afrique noire sur le temps long : *« C'est là bien qu'un ouvrage d'histoire fait de patience et de loyauté attentive. C'est un livre d'espérance, porté à bout de bras. J'aime à penser que l'histoire récompensera l'historien, qu'il aura donné, d'un coup, à un continent tout entier, à une énorme masse d'hommes sympathiques, le message, les mots d'identité qui leur permettront de mieux vivre. Car pour espérer, pour aller de l'avant, il faut savoir d'où l'on vient*[318] *»*.

Fernand Braudel n'a pas moins conscience que l'histoire de l'Afrique noire a longtemps été considérée par une bonne partie de l'historiographie occidentale comme le trou noir de la recherche en histoire. La mise au point ici faite par Fernand Braudel est donc d'importance : *« L'histoire c'est l'homme, toujours l'homme et ses admirables efforts. L'histoire du continent*

---

316 *Ibid.*

317 D'après la critique du journal *Le Monde* dans Ki-Zerbo J., *Histoire de l'Afrique noire, op. cit.*, couverture.

318 D'après Ki-Zerbo J, *Histoire de l'Afrique Noire, op. cit*, p. 5.

africain, si elle est sincère et droite, ne peut que déboucher sur tous les hommes à la fois, sur tous les peuples à la fois, sur le monde entier. J'admire que l'auteur ait dépassé, avec courage et obstination, l'histoire des récits traditionnels, tout en faisant à cette histoire-là une place honorable et claire. »

a / « Un pèlerinage passionnant et passionné »

C'est en ces termes que Joseph Ki-Zerbo qualifie le processus d'élaboration de ce travail de pionnier. Remarquable tant par le nombre de voyages effectués d'un point à l'autre du continent africain que par le nombre d'ouvrages et d'articles parcourus, la rigueur intellectuelle singulière de Ki-Zerbo tout au long de cette entreprise fastidieuse est l'un des héritages qu'il laisse aux historiens africains en particulier et à l'intelligentsia africaine en général. L'expérience acquise lors de ses recherches de terrain est en elle-même une pédagogie de la recherche en histoire : « *Plus de mille volumes ont été lus sans compter les articles de revues et de journaux. Mais plus l'auteur s'enfonçait dans ce magma énorme et bigarré des sources de l'histoire africaine et plus s'affirmait le désir alterné et contradictoire, soit d'abandonner et de signe forfait, soit d'engranger encore plus, afin de produire une œuvre plus valable. Chaque livre achevé creusait le sentiment du gouffre d'ignorance...* » En tout lieu et en tout temps, Ki-Zerbo se sera investi des années tout entier dans une tâche qu'il savait primordiale pour la réappropriation par tout un continent de son passé et partant, de sa capacité à penser son avenir : « *Ce livre a été écrit dans des conditions difficiles, dans la chaleur équatoriale comme dans les rigueurs de l'hiver nordique, en mer, sur terre, sous terre même (dans les grottes préhistoriques), dans des avions de tout calibre, dans des recoins obscurs de bibliothèque comme sous les palmiers fouettés par la lumière australe et par la brise océane parfumée d'épices, à Zanzibar.* »

b/ Les sources

Joseph Ki Zerbo se penche d'entrée de jeu sur la question longtemps débattue de la fiabilité des sources de l'histoire africaine. Pour l'historien, souligne-t-il, il ne suffit pas de s'enthousiasmer sur le passé africain pour écrire une histoire du continent noir dénuée d'approches approximatives ou fantaisistes. Ki-Zerbo a conscience des préalables méthodologiques que l'historien de métier ou l'érudit doit satisfaire pour que l'histoire de l'Afrique noire soit aussi celle du « monde entier », comme le souhaite dans sa préface Fernand Braudel. Berceau de l'humanité certes, Ki-Zerbo ne perd cependant pas de vue le grave malaise identitaire que vivent les Africains et celles et ceux qui, hors d'Afrique, ont des attaches historiques avec ce continent *« (...) tout un public de jeunes en quête de leur patrimoine, d'honnêtes gens qui veulent mieux comprendre ce qui se passe, ce qui s'est passé, d'étudiants et de chercheurs non-africains, constitue une demande potentielle immense qui ne peut que s'accroître. Rarement une discipline n'a bénéficié d'une occasion aussi magnifique. Mais, compte tenu des difficultés qu'il faut vaincre pour donner une réponse autorisée à cette attente, cette occasion constitue aussi un défi pour l'historien de l'Afrique et l'Historien en général. Comment relever ce défi de la façon la plus satisfaisante, la plus conforme aux règles et aux idéaux de l' Histoire : tel est le problème*[319]» C'est pourquoi Joseph Ki-Zerbo évoque et bat en brèches de nombreux « mythes » qui ont longtemps prévalu sur le passé de l'Afrique noire. Il explore ensuite les sources qui rendraient possible une investigation rigoureuse, exhaustive de l'histoire africaine. Son étude est d'un intérêt particulier sur deux sources qui ont alimenté longtemps la controverse entre historiens : la chronologie et la tradition orale.

Soulignant l'importance de la chronologie dans la recherche en histoire en Afrique, il relève néanmoins que cette absence de bornes qui permettraient de situer sans

---

319 *Idem.*, p 10.

controverse les séquences du passé n'est pas aussi radicale que les recherches pourraient le laisser penser au premier abord de la masse des faits passés : *« Souvent même, les Africains ont mis en place des procédés élémentaires de computation...Chez les Dogons par exemple, le seghi est une fête annuelle qui se célébrait tous les soixante ans et à cette occasion une encoche est faite à un tronc d'arbre sacré déposé dans une grotte... Malgré tout, on ne peut nier le caractère peu mathématique de telles estimations. Leur non-consignation par écrit et leur prise en charge par la seule tradition obligent l'historien à poser le problème méthodologique de celle-ci »*. Autant il démontre non sans rigueur scientifique que rien de ce qui permettrait de situer le cheminement dans le temps des peuples d'Afrique noire ne doit être ignoré, autant l'historien affirme qu'aucune constatation ne peut être faite au-delà des canons admis par le consensus des historiens.

Sur l'apport de la tradition orale dans l'écriture de l'histoire de l'Afrique, la position de Joseph Ki-Zerbo est celle du juste milieu. Autrement dit, il s'agit de voir quel est son potentiel heuristique et préciser dans le même temps, les limites au-delà desquelles son usage ne sert plus l'investigation historienne. Que de rejeter a priori la tradition orale, il importe plutôt, estime Ki-Zerbo, de concevoir une méthode qui permettrait de faire le tri dans le magma d'informations que celle-ci apporte, le tri entre le bon grain et l'ivraie, le fait et la fable, le mythe et la réalité, les histoires et l'histoire : *« Dans des cas privilégiés et avec un traitement méthodologique approprié, elle apporte le degré de certitude qu'on attend normalement de la connaissance historique. Le problème n'est donc pas de savoir si elle est valable a priori, ou bien si elle bénéficie ou non d'appuis extérieurs, mais quelle méthode adopter pour diagnostiquer les traditions et sélectionner en toute sécurité celles qui sont dignes de servir de sources pour l'Histoire »*

c/ Panorama de l'Afrique ancienne et mutations historiques

L'histoire de l'Afrique noire de Joseph Ki-Zerbo est un panorama des grandes aires culturelles ou géographiques dans lesquelles l'homme a inscrit sa présence dans l'Histoire. Mais l'historien ne déroule pas simplement le long passé de l'Afrique noire entre deux bornes, dans un intervalle rectiligne qui irait du passé au présent. Il s'intéresse davantage à la formation des grands ensembles humains, aux mutations socio-politiques, à la transmission des valeurs culturelles d'une partie à l'autre du continent. Il s'agit aussi bien pour Ki Zerbo de savoir ce qui s'est passé que de comprendre les faits historiques dans leur déroulement, les ruptures, les continuités. Les titres des principaux chapitres en témoignent : « Siècles obscurs », « Grands siècles », « Le tournant », « Siècles de réajustement », « L'âge d'or des étrangers », « le réveil de l'Afrique noire » ou « l'Histoire recommence ».

Dans cet effort d'explication, la démarche de Ki-Zerbo est particulièrement éclairante sur des points importants qui doivent être soulignés dans un travail de rédaction de l'histoire de l'Afrique noire, dans tout travail d'histoire. Il s'agit notamment de la tentation récurrente de transposer d'une aire historique à une autre des concepts, un lexique qui ne connotent pas forcément des réalités historiques identiques. Le terme de nationalisme est de ceux-là qui peuvent prêter à des confusions préjudiciables pour l'intelligence des situations historiques. Il apporte à cet égard des nuances fort utiles dans un sous-titre qu'il intitule « L'Essor du Nationalisme ». De la France de Vichy à l'Afrique de la revendication des indépendances dans les années 50, le concept de « nationalisme » renvoie à des réalités politiques tout à fait différentes : *« Le nationalisme africain, précise Ki-Zerbo, ne doit pas être assimilé aux sentiments chauvinistes qui, dans nombre d'Etats européens, ont conquis des courants entiers de l'opinion publique et se sont manifestés par des mesures économiques (autarcie et protectionnisme douanier de Bismarck ou de Méline en France), par les décisions politico-militaires allant jusqu'à l'impérialisme... Il s'agit en fait ici d'un réveil national, du Risorgiamento d'une personnalité qui tente de se poser en s'opposant aux pouvoirs établis*[320] ».

d/ Recherche historique et renaissance africaine

Dans *l'Histoire de l'Afrique Noire, D'Hier à Demain,* Joseph Ki-Zerbo donne sa conception de l'histoire en tant que discipline et de son rôle en tant que science sociale. Il a conscience que la place qu'il assigne à l'histoire dans la société peut lui valoir le reproche de ne pas faire œuvre d'historien. L'histoire n'est pas à ses yeux une collecte froide et désintéressée du passé, sans autre souci que la relation objective du vécu humain. Le matériau historique est recueilli par un sujet, l'historien, qui appartient à un contexte, à une époque, revendique une origine sociale et se détermine par rapport aux évènements marquant de son temps.

Pour une Afrique longtemps dépossédée de la capacité à mettre en récit son long passage sur la scène du monde, des écoles d'historiens initiées par des Africains sont porteuses d'enjeux intellectuels majeurs, mais aussi économiques et politiques : « *(...) la connaissance de l'histoire africaine doit être considérée comme une partie intégrante du développement, même économique. En effet, comment demander à un paysan de se dépasser pour la productivité et de se lancer dans la bataille économique, s'il ne sait pas au moins sommairement quelle est la partie qui se joue. Pour se sentir concerné par l'avenir, il faut se sentir héritier d'un passé*[321] ». C'est à cet égard que, dans l'ouvrage de Joseph Ki-Zerbo, des pages pourtant éloignées les unes des autres se font écho : un sous-titre intitulé « La conception de l'histoire » en introduction et un autre en fin d'ouvrage intitulé « Les perspectives : la néo-culture de demain ». Dans l'un et l'autre de ces sous-titres, Joseph Ki Zerbo, à partir des

---

320 *Ibid.*

321 *Ibid.*, p. 29.

défis contemporains qui se posent à l'Afrique, esquisse des pistes pour le développement économique et social du continent.

Le capital intellectuel de l'historien africain doit être un atout dans la recherche des solutions aux crises du sens. Il prend exemple sur de grandes figures intellectuelles du 20ème siècle qui, dans les heures tourmentées de leur temps, sont sortis des limites académiques de leur discipline pour apporter des réponses à la crise des valeurs lorsque celle-ci menaçait d'effondrement l'héritage humaniste de la civilisation européenne : *« La conception même de l'histoire doit être discutée à propos de l'Afrique. On a souvent dit que l'histoire est une science et que les Africains ne devaient pas en faire une passion. Cette distinction est éminemment pauvre dans son schématisme... Ceux qui prétendent être des savants et qui regardent l'histoire comme un liquide incolore, inodore et sans saveur de laboratoire, au lieu de la reconnaître comme un fleuve vivant, ceux qui, parce qu'ils ont aligné quelques syllogismes appuyés sur quelques découvertes éparses, parlent avantageusement de science, sont des naïfs ou des médiocres. »*

Mais l'engagement de l'historien, précise aussitôt Joseph Ki-Zerbo, ne doit pas se faire au mépris de la méthodologie classique de recherche en histoire. L'historien ne doit pas construire une histoire imaginaire qu'il substituerait aux faits qu'il a vocation à rapporter à la connaissance de ses contemporains et à la postérité. Les urgences de son temps imposent ainsi à l'historien africain de concilier sa fidélité aux canons de son savoir et son implication dans les combats humaniste où il doit être à la fois acteur et spectateur : *« L'historien de l'Afrique ne saurait évidemment devenir un simple fonctionnaire du ministère de l'information et de la propagande. C'est là justement la grandeur et le rôle difficile de l'historien qui doit à la fois participer à son temps et à sa communauté et maintenir la distance nécessaire pour garder son rôle de témoin »*. C'est une exigence à laquelle Joseph Ki Zerbo essaiera d'être fidèle durant toute sa vie d'intellectuel et de militant politique au service de l'Afrique. Présent sous diverses casquettes à travers le monde dans les combats menés pour la renaissance africaine et la crise des valeurs dans le monde contemporain. A sa manière, il aura apporté la preuve que l'historien peut demeurer fidèle aux faits et servir ardemment des idéaux de progrès et de paix.

Avec l'achèvement de cette œuvre majeure, Joseph Ki-Zerbo concrétise un rêve d'étudiant qui s'apparente à la quête d'une identité perdue. Il s'affirme en tant qu'historien chercheur et s'implique parallèlement dans le monde de l'éducation.

Chapitre 2 : Professeur et chercheur de renom

Lorsque la Guinée devient indépendante, suite au référendum de 1958[322], l'encadrement technique, administratif et enseignant français se retire, comme pour sanctionner un peuple qui a choisi l'émancipation. Sékou Touré, le président guinéen, lance alors un appel à tous les volontaires africains pour venir pallier le vide créé par cette décision de la métropole. Joseph Ki-Zerbo n'hésite pas une seconde et se rend immédiatement en Guinée[323]. Cette décision peut sembler surprenante puisqu'il occupe alors un poste de professeur d'histoire dans le prestigieux lycée Van Vollenhoven de Dakar. Elle atteste néanmoins de la grandeur du personnage qui, plutôt que de profiter, confortablement, de ses acquis, préfère partir dans l'incertitude et l'inconnu guinéen pour honorer en quelque sorte cette colonie, la première à goûter à l'indépendance.

Après quelques temps passés en Guinée, il décide de rentrer en Haute-Volta, auprès de son peuple, d'autant plus que son pays accède son indépendance le 5 août 1960. A son retour au pays, il reste de longs mois sans trouver de poste d'enseignant. L'inspecteur d'académie français de Haute-Volta, qui n'était pas agrégé, préfère le laisser sans travail plutôt que de voir *« un fils du pays, titulaire de l'agrégation »* lui faire de l'ombre[324]. Seulement, le pays a besoin de professeurs et il devient très vite indécent de laisser Joseph Ki-Zerbo sur la touche. Il est donc nommé professeur d'histoire au lycée Zinda de Ouagadougou où il enseigne jusqu'en 1963. Il devient à cette date inspecteur d'académie et directeur général de l'éducation, de la jeunesse et des sports de Haute-Volta, poste qu'il occupe jusqu'en 1968. Cette nomination a son importance puisqu'à ce moment, il est encore assez rare de trouver des Africains dans les sphères de décision, encore toutes

322 Voir 1ère partie.

323 D'après *Appel pour le changement*, *op. cit.*, p. 9.

324 *Idem*, p. 10.

accaparées par des anciens colons, devenus expatriés[325]. Alors, puisque la Haute-Volta dispose d'un établissement d'enseignement supérieur à partir de 1968, Joseph Ki-Zerbo y devient naturellement professeur. Il y enseigne l'histoire africaine aux étudiants voltaïques jusqu'en 1978. Par ailleurs, on le retrouve lors de conférences dans les universités du continent. Le chapitre « La civilisation africaine d'hier et de demain » de son *Histoire de l'Afrique noire*[326] est le cours qu'il dispense lors de ces conférences. Panorama du passé glorieux et des difficultés actuelles de l'Afrique, il s'inspire largement de son premier ouvrage *Le monde africain noir*. Après 1978, il semble que Joseph Ki-Zerbo cesse ses activités d'enseignant. Il a alors l'âge de 56 ans. Notons enfin que le Professeur reçoit la distinction de docteur Honoris Causa de l'université du Ghana, en 1964.

Joseph Ki-Zerbo trouve également, dans le domaine de l'enseignement, une manière d'assouvir son idéal panafricain. Il est en effet à l'origine du C.A.M.E.S., Conseil Africain et Malgache pour l'Enseignement Supérieur. Imaginé par le Professeur dès 1964, cet organe est officialisé le 22 janvier 1968 à Niamey. Avec un objectif de reconnaissance et d'équivalence des diplômes, le C.A.M.E.S. veut participer à l'harmonisation de l'enseignement supérieur au niveau de l'Afrique francophone. Aussi, il se propose de promouvoir l'enseignement de la pharmacopée et des médecines traditionnelles africaines. Enfin, il organise le concours d'agrégation en médecine, en droit, en économie et en gestion[327]. Doté de plusieurs instances de décision, le conseil des ministres, le conseil des experts ou encore le comité consultatif, le C.A.M.E.S. compte seize Etats membres[328]. En 1966, les ministres africains de

325 *Ibid.*, p. 11.

326 Voir Ki-Zerbo J., *Histoire de l'Afrique noire*, *op. cit.*, pp. 632-644.

327 D'après la brochure du C.A.M.E.S., annexes, pp. 179-180.

328 Le Bénin, le Burkina-Faso (ex Haute-Volta), le Cameroun, la Centrafrique, le Congo, la Côte d'Ivoire, le Gabon, la Guinée,

l'enseignement supérieur nomment Joseph Ki-Zerbo à la tête de l'institution. A partir de 1967, Ahmadou Mathar M'Bow[329] décide de lui verser une indemnité alors que, jusque là, il faisait fonctionner l'organisme bénévolement. Le Professeur reste en poste jusqu'en 1978, date à laquelle il est limogé suite à une décision des ministres francophones de l'éducation nationale auxquels il avait tenu tête de longues années. En effet, les professeurs des universités de l'Afrique autrefois française étaient jusque là nommés à Paris. Après maintes réclamations, Joseph Ki-Zerbo venait, en 1978, comme un symbole de sa lutte contre les « vestiges » de la colonisation, d'obtenir l'abrogation de cette pratique qu'il considérait abusive, vingt ans après les indépendances. Lui qui s'était dévoué pour le fonctionnement de cette institution et lui avait donné une dimension panafricaine s'en voyait injustement remercié[330]. D'autant plus que, la même année, il démissionnait de son poste de député[331] pour se conformer à la nouvelle constitution voltaïque de 1977 interdisant le cumul des mandats et que, depuis 1970 et sa première élection à l'assemblée voltaïque, il ne percevait plus d'indemnité de directeur du C.A.M.E.S....

Ainsi, non seulement en tant qu'enseignant, s'efforçant de forger une conscience critique à ses élèves mais également en tant que responsable d'un organe panafricain d'enseignement supérieur, Joseph Ki-Zerbo poursuit son objectif, celui de mobiliser toutes les énergies pour accélérer l'évolution du continent. Lutter contre l'ordre établi est un parcours semé d'embûches, cependant, il persévère et donne aussi de son temps aux programmes de l'U.N.E.S.C.O. en faveur de l'Afrique. De fait, notre homme a acquis une certaine notoriété qui lui permet de s'engager dans les grands chantiers des

---

Madagascar, le Mali, le Niger, le Rwanda, le Tchad, le Sénégal et le Togo.

329 Il fut directeur général de l'U.N.E.S.C.O. de 1974 à 1987.

330 D'après l'article de Siradou Diallo dans *Jeune Afrique* dans *La voix du Peuple*, n°21, mai-juin 1980, p. 8. Voir annexes, pp. 180-181.

331 Voir annexes, pp. 178-179.

organismes internationaux œuvrant pour le développement de l'Afrique. Dans cette période chargée d'espoir pour le continent, quelles sont les réalisations de Joseph Ki-Zerbo, historien et pédagogue, en faveur de l'émancipation de son continent ?

1. Pour la renaissance historique du continent africain.

a/ La problématique des sources

L'Organisation des Nations Unies pour l'Education, la Science et la Culture, connue sous le sigle de l'U.N.E.S.C.O., est née en 1945. Véritable organe de préservation et de promotion de la culture, cette institution a naturellement orienté ses activités vers l'Afrique. Dès 1964, l'organisation internationale décide, lors de sa conférence générale, d'initier un *Projet d'histoire générale de l'Afrique*[332]. Joseph Ki-Zerbo, alors en cours de préparation de son ouvrage *Histoire de l'Afrique noire*, est immédiatement interpellé par ce projet d'ampleur. Très vite, des réunions d'experts de la question ont lieu pour soulever les difficultés de l'entreprise et définir les axes de recherche. Ainsi, dans un premier temps, il est décidé de se concentrer sur la collecte et l'analyse des sources d'intérêt historique[333]. En effet, l'U.N.E.S.C.O. veut publier un *Guide des sources de l'histoire de l'Afrique*[334]. Véritable inventaire de toutes les sources disponibles, tradition orale, manuscrits arabes ou encore les archives disséminées dans le monde entier, sa réalisation revêt une importance capitale pour organiser la recherche[335]. Dès 1967 ont lieu des réunions de spécialistes de la question

---

332 D'après Ki-Zerbo J., *La tradition orale : problématique et méthodologie des sources de l'histoire africaine*, Niamey, C.R.D.T.O., 1972, p. 11.

333 *Idem.*

334 D'après le comité scientifique international pour la rédaction d'une histoire générale de l'Afrique, *Histoire générale de l'Afrique*, tome 1, *op. cit.*, p. 7.

335 D'après Amengal M., *op. cit.*, p. 47.

des sources. Si Tombouctou accueille la réunion concernant les sources écrites, Niamey est le cadre de la rencontre traitant des sources orales, en septembre 1977. Joseph Ki-Zerbo est présent lors des travaux de Niamey dont le contenu fait l'objet d'une publication préfacée par lui-même[336].

L'importance des sources orales dans la reconstitution du passé africain n'est alors plus à démontrer. Lors de cette réunion sont étudiés les aspects techniques et méthodologiques de la tradition orale en vue d'en faire une source fiable de l'histoire africaine[337]. Joseph Ki-Zerbo souligne que *« la tradition orale était apparue comme le conservatoire et le vecteur du capital de créations socioculturelles accumulé par "les peuples sans écriture", un vrai musée vivant*[338] *»*. Source la plus authentique du passé de l'Afrique, elle redonne vie au passé à travers le récit des détenteurs de la tradition : griots, conteurs et chanteurs, chefs de caste, lettrés musulmans et prêtres, maîtres-artisans, chefs de famille[339], ... Un proverbe africain dit : *« La bouche du vieillard sent mauvais mais elle profère des choses bonnes et salutaires*[340] *»*. Seulement, cette source, détenue par des anciens qui disparaissent peu à peu, est fragile. L'urgence d'entreprendre la collecte des sources est un constat sans appel. Quant au travail historique, il comprend quatre phases : recueillir les documents, les conserver, les diffuser, les interpréter[341]. Le lieu n'est pas de présenter tous les aspects méthodologiques concernant les sources orales de l'histoire africaine. Attardons-nous sur les grands principes adoptés lors de la réunion de Niamey et

---

336 Cf. Ki-Zerbo J., *La tradition orale : problématique et méthodologie des sources de l'histoire africaine*, Niamey, C.R.D.T.O., 1972.

337 *Idem*, p. 8. et d'après l'article de Joseph Ki-Zerbo dans le même ouvrage, « La tradition orale en tant que source de l'histoire africaine », pp. 96-111.

338 D'après Ki-Zerbo J., *La tradition orale…, op. cit.*, p. 7.

339 *Idem*, p. 18.

340 *Ibid.*, p. 8.

341 *Ibid.*

consignés de manière exhaustive dans l'ouvrage cité auparavant.

La tradition orale se présente sous diverses formes, de la poésie au chant[342]. Sa collecte dépend d'une approche soit intensive, auprès d'informateurs qualifiés représentatifs d'un groupe donné, soit d'une approche extensive, dans chaque village et auprès de personnes non qualifiées parfois[343]. Ensuite intervient un protocole de transcription et de traduction[344] qui précède une phase d'enregistrement en vue de la conservation de ces sources dans des archives audio-visuelles[345]. La démarche historique scientifique préconisée requiert enfin l'apport de disciplines telles que la linguistique, l'ethnologie, l'archéologie ou la musicologie, ceci pour tirer un maximum d'informations à caractère historique des récits traditionnels[346]. Joseph Ki-Zerbo se situe comme un des spécialistes de la question des sources orales. Il a participé aux travaux avec notamment sa contribution « La tradition orale en tant que source de l'histoire africaine[347] ». L'utilisation des sources orales, méthodologiquement définie, allait permettre d'éclaircir un passé terni par le scepticisme des historiens européens des 19ème et 20ème siècles. Toute l'action entreprise par l'U.N.E.S.C.O. rejoint ainsi la volonté de Joseph Ki-Zerbo de rétablir ce qui, à ses yeux, devait être rétablit.

b/ L'histoire générale de l'Afrique de l'U.N.E.S.C.O

Après les travaux préliminaires, le projet de l'U.N.E.S.C.O. dispose de solides bases. C'est ainsi qu'en 1970, la conférence générale se prononce pour la rédaction

342 *Ibid.*, p. 19.
343 *Ibid.*, p. 20-21.
344 *Ibid.*, p. 23-24.
345 *Ibid.*, pp. 26-33.
346 *Ibid.*, pp. 34-38.
347 *Ibid.*, pp. 96-111.

d'une *Histoire générale de l'Afrique*[348]. Un comité scientifique international de trente neuf membres comprenant un tiers de non africains est nommé. Les directives à l'endroit des chercheurs sont de traiter le passé de l'Afrique dans sa totalité, sans omettre les questions essentielles, parfois controversées, comme par exemple la traite négrière. Aussi, le travail est guidé par la volonté de corriger les insuffisances méthodologiques qui ont tant nuit à l'histoire africaine dans le passé, en réhabilitant nombre de sources autrefois marginalisées. Enfin, offrant une vision de l'intérieur, « afro-centriste », cette histoire doit se distinguer de ses devancières, caractérisées par une vision essentiellement européocentriste.

Le comité scientifique partage le travail en huit volumes, correspondant à un découpage par périodes. Chaque volume est confié à un spécialiste élu par le comité[349]. Joseph Ki-Zerbo est désigné pour traiter le volume I intitulé *Méthodologie et préhistoire africaine*. Auteur de l'introduction, de la conclusion et de trois des vingt huit chapitres, il s'impose comme le spécialiste des questions de méthodologie de l'histoire africaine. En effet, tandis que l'introduction présente les grands principes méthodologiques, il signe un chapitre sur les méthodes interdisciplinaires[350] et donne en fin d'ouvrage un panorama de l'art préhistorique africain[351]. Le premier volume de cette *Histoire générale* donne une liste exhaustive des méthodes validées par le comité scientifique pour traiter le passé de l'Afrique, longtemps considéré sans histoire. De l'étude des groupes linguistiques à la datation des sites archéologiques en passant par les récits de griots et les sources écrites anciennes, Joseph Ki-Zerbo y présente les fondements méthodologiques utiles à l'élaboration de l'encyclopédie de l'U.N.E.S.C.O.. Au final, le comité scientifique fait paraître

---

348 D'après le comité scientifique international pour la rédaction d'une histoire générale de l'Afrique, *Histoire générale de l'Afrique*, tome I, *op. cit.*, p. 11.

349 *Idem*, pp. 7-13.

350 *Ibid.*, chap. 15, pp. 195-203.

351 *Ibid.*, chap. 26, pp. 365-379.

un ouvrage portant sur plus de trois millions d'années, comprenant huit volumes de huit cent pages environ chacun. L'édition principale est publiée à partir de 1980 en français, anglais et arabe[352]. On prévoit aussi d'établir une édition abrégée dans de nombreuses langues, cette édition devant servir de base à une traduction dans les langues africaines[353]. Le vaste et difficile projet de l'U.N.E.S.C.O. a vu le jour. Il constitue le premier projet d'histoire globale de l'Afrique en huit volumes, faisant penser à *L'histoire de l'empire britannique* établie par l'université de Cambridge en huit volumes dès 1939[354]. Joseph Ki-Zerbo, en tant que premier historien francophone agrégé, a trouvé sa juste place dans la réalisation du projet. Lui qui est aussi depuis 1975 président de l'association des historiens africains voit ainsi se poursuivre sa mission de réhabilitation du passé de l'Afrique avec le couronnement du projet de l'U.N.E.S.C.O..

Maintenant, il décide de mettre ses compétences pédagogiques au service de l'institution internationale.

2. Pour le développement par l'éducation

Alors même que le projet d'histoire générale est en cours d'élaboration, dans les années 1970, Joseph Ki-Zerbo est élu membre du conseil exécutif de l'U.N.E.S.C.O.. Dans les années 1960, le directeur général de l'U.N.E.S.C.O., René Maheu, lui propose même un poste important au sein de l'institution. Cependant, il refuse, préférant consacrer ses efforts à l'Afrique, d'une autre manière[355]. Ceci ne l'empêche pas de donner sa contribution au sein de l'U.N.E.S.C.O. dans divers domaines, dépassant le cadre de l'histoire. Il s'implique notamment en faveur de

---

352 La publication des différents tomes est échelonnée dans le temps, de 1980 à 1998 pour le tome VIII.

353 Notamment en kiswahili et en hawsa, d'après le comité scientifique international pour la rédaction d'une histoire générale de l'Afrique, *Histoire générale de l'Afrique*, tome I, *op. cit.*, p. 13.

354 D'après Dulucq S., « Ecrire l'histoire de l'Afrique au sud du Sahara, un bilan historiographique », texte inédit, p. 8.

355 D'après *24 Heures*, journal burkinabé, vendredi 2 mars 2001.

l'éducation en Afrique, rejoignant les programmes de l'U.N.E.S.C.O. dans ce domaine. Il est ainsi membre du conseil d'administration de l'U.N.I.T.A.R., Institut des Nations Unies pour la Formation et la Recherche, de 1970 à 1978. Son implication suit un seul objectif, loin de considérations carriéristes, aider au développement de son continent.

Il développe son programme et ses propositions pour résoudre les problèmes d'éducation lors d'une conférence organisée par le C.O.D.I.A.M., Comité pour le Développement des Investissements Intellectuels en Afrique et à Madagascar, à Paris, le 5 décembre 1969. Son allocution fait l'objet d'un ouvrage publié en 1973 et intitulé *Perspectives de l'éducation. « La production de l'école d'aujourd'hui dessinera l'épure de la société de demain »*, situe l'idée développée par Joseph Ki-Zerbo. Il présente dans un premier temps ce qu'il qualifie d'école du sous-développement avant de livrer sa réflexion sur une école génératrice de développement. Ainsi, l'école en Afrique présente des caractéristiques pénalisantes telles que le coût élevé de la scolarité, les résultats médiocres, le manque d'orientation professionnelle ou encore les programmes scolaires inadaptés, à l'époque souvent encore dictés par l'ancienne puissance coloniale. Aussi, cette école constitue un facteur d'exode, exode vers la ville et vers les pays riches parfois. Ceci finit par donner un aspect antidémocratique à une école qui, finalement, favorise les familles aisées et délaisse les pauvres. Se pose aussi le problème des infrastructures dans le secondaire. Un élève qui se présente au concours d'entrée en sixième n'a qu'une chance sur quatre de l'intégrer, faute de capacité d'accueil[356]. La conférence de l'U.N.E.S.C.O., à Addis Abeba, en 1961, à laquelle Joseph Ki-Zerbo a contribué, a lancé l'objectif utopique d'atteindre une scolarisation de 100% en 1980. Presque dix ans plus tard, le constat est alarmant. Joseph Ki-Zerbo propose dans son ouvrage quelques éléments d'amélioration de la situation,

356 D'après Ki-Zerbo J., *Perspectives de l'éducation*, Paris, Codiam, 1973, pp. 1-7.

« pour un new deal éducatif[357] ». D'abord, il évoque la nécessité d'« africaniser » les programmes. Ensuite, le français n'étant pas la langue maternelle, il préconise un enseignement dans les langues africaines, son idée étant de créer une ou plusieurs grandes langues régionales[358]. Pour démocratiser l'école, il est aussi nécessaire de fournir aux écoliers le matériel nécessaire. Il serait également primordial, pour une « école du développement », de favoriser l'enseignement technique et scientifique. Ces enseignements sont incontestablement facteurs de développement même si les Etats n'ont pas tout à fait résolu la question des débouchés. La mentalité des parents, peu habitués à l'école, doit aussi évoluer en faveur de la scolarité de leurs enfants. En parallèle, former des adultes nécessite d'intégrer l'éducation civique, l'étude du milieu ou encore le travail manuel dans l'enseignement scolaire. Enfin, Joseph Ki-Zerbo remet en question l'aide internationale définie selon les règles occidentales et de ce fait éloignée des réalités africaines. Il cite alors le pape Paul VI : *« Le développement est le nouveau nom de la paix*[359] ».

Il existe des solutions, de toute évidence. Joseph Ki-Zerbo parle en connaissance de cause, lui qui a été directeur général de l'éducation nationale dans son pays. Il a œuvré, dans son pays, pour donner aux manuels scolaires un contenu plus proche de la réalité vécue par les écoliers. Aujourd'hui encore, dans les livres d'histoire du primaire, on trouve des extraits de son ouvrage *Histoire de l'Afrique noire*[360].

Comme une suite donnée à son précédent exposé, Joseph Ki-Zerbo, environ quinze ans plus tard, dirige un nouvel ouvrage sous l'égide de l'U.N.I.C.E.F., le Fonds des Nations-Unies pour l'Enfance, intitulé *Eduquer ou*

---

357 *Idem*, p. 7.

358 Voir à ce sujet son article dans *Présence Africaine*, n° 38, 3ème trim. 1961, pp. 45-61.

359 D'après Ki-Zerbo J., *Perspectives de l'éducation*, *op. cit.*, pp. 7-19.

360 D'après Manuel d'histoire de CM1, Burkina-Faso.

périr[361]. Publié en 1990 lors de l'année de l'U.N.E.S.C.O. pour la proclamation d'une charte mondiale de l'éducation, ce document symbolise, par son titre, les difficultés non résolues dans le domaine de l'éducation en Afrique. Véritable constat de la situation alarmante de l'enseignement sur le continent, le tableau dressé inspire malheureusement un sentiment de « déjà vu », comme si les contributions précédentes étaient restées lettre morte.

La première partie dresse l'état de l'école en Afrique. Joseph Ki-Zerbo fait référence à un passé florissant, évoquant les scribes égyptiens, premiers lettrés de l'humanité, ou encore la grande université médiévale de Tombouctou. Ensuite, avec la domination européenne, de la traite négrière à l'épisode colonial, le système éducatif traditionnel est lentement substitué par un modèle importé, préfabriqué sur le modèle occidental, en totale contradiction avec les besoins et les valeurs du continent. Ainsi, la description de l'école post-coloniale laisse apparaître une situation inquiétante. Après quinze années d'essor jusqu'en 1975, le système scolaire connaît une régression constante[362]. Alors, comme une conséquence de cet état de fait, Joseph Ki-Zerbo évoque, dans un second temps, la crise des sociétés africaines. Son exposé aborde la situation économique calamiteuse de l'Afrique, servi par nombre d'exemples qui inspirent au lecteur à la fois espoir et désenchantement[363]. Joseph Ki-Zerbo relie la crise économique aux difficultés de l'éducation. En effet, si l'Etat n'a pas de ressources budgétaires suffisantes, il ne peut construire les infrastructures scolaires ni former et encore moins payer le personnel enseignant. Outre la dimension économique, les difficultés du système éducatif vont de pair avec l'éclatement du cadre socioculturel[364]. L'éducation d'aujourd'hui façonne la société de demain. Avec les incertitudes et les bouleversements hérités de la colonisation, les populations, désemparées, sont partagées

---

361 Voir couverture, annexes, p. 182.

362 D'après KI-ZERBO J., *Eduquer ou périr*, Abidjan : UNICEF, Dakar : UNESCO, Paris : L'Harmattan, 1990, pp. 19-26.

363 *Idem*, pp. 27-36.

364 *Ibid.*, p. 43.

entre leurs fondements traditionnels, les acquis de la colonisation et les influences réactionnaires nouvelles. Le manque de moyens et la perte des valeurs sont les symptômes du mal-être de l'école en Afrique. Enfin, la troisième partie donne au lecteur un aperçu des enjeux à relever pour aboutir au concept, encore utopique, d'« éducation pour tous en 2000[365] ». Recentrer la formation sur les besoins de la société civile et impliquer les Etats africains dans la mobilisation des ressources sont, avec le thème récurrent de la nécessaire « africanisation » de l'école, les grands chantiers présentés dans cet ouvrage.

Joseph Ki-Zerbo diagnostique avec justesse les difficultés et les remèdes à apporter. Cependant, comme un problème insoluble, la lecture de l'ouvrage laisse un sentiment de lassitude. La situation est grave et il convient d'agir, de mettre en exécution l'ensemble de solutions théoriques recensées dans cet ouvrage. Seule une prise de conscience collective peut rendre du crédit aux réalisations parfois peu convaincantes des organismes internationaux. La contribution de Joseph Ki-Zerbo est louable mais l'action de l'U.N.E.S.C.O. est infime. Encore aujourd'hui, l'objectif affiché, toujours utopique, est d'atteindre l'éducation pour tous en 2015. Les pistes du renouveau ont été défrichées mais il manque le concours des Etats, peu regardants sur des questions dont les organismes internationaux et autres O.N.G. se font l'écho. Si chacun se renvoie la balle, quelle est l'issue ? L'espoir doit primer pour des enjeux si importants mais c'est souvent la déraison qui prend le dessus.

Sans avoir été inutile, la contribution de Joseph Ki-Zerbo à l'U.N.E.S.C.O. dans le domaine de l'éducation souffre cependant du manque de résultats. Toutefois, pour traiter ces questions, quel autre spécialiste pouvait intervenir ?

365 C'est l'objectif proclamé de l'U.N.E.S.C.O. en 1990. Objectif démesuré mais devant galvaniser les énergies pour faire le mieux possible.

Chapitre 3 : Un intellectuel engagé sur tous les fronts

Joseph Ki-Zerbo s'implique sur les grandes questions qui agitent l'Afrique au crépuscule du 20ème siècle. Sa stature intellectuelle et morale lui donne l'occasion de mobiliser les énergies et de proposer des pistes alternatives pour une meilleure insertion de l'Afrique dans les affaires internationales. Si Joseph Ki-Zerbo contribue à l'amélioration des structures éducatives en Afrique, son engagement trouve comme finalité les questions de développement.

1. Le C.E.D.A

Voulant s'engager sur ce thème par une voie concrète, il fonde le C.E.D.A., Centre d'Etudes pour le Développement Africain, en 1980, à Ouagadougou, en Haute-Volta.
Ce centre est un organisme panafricain d'études et de recherches opérationnelles sur le développement de l'Afrique. Il voit le jour grâce à l'appui financier du fonds international pour la promotion de la culture de l'U.N.E.S.C.O. et avec le soutien de chercheurs et d'hommes de culture[366]. Le centre organise des séminaires et des colloques sur le thème clé du *« développement endogène »*. Son objectif est de mobiliser les capacités culturelles africaines pour ouvrir de nouvelles dynamiques d'émancipation sociale et économique. Le C.E.D.A. veut donc proposer une alternative autre que *« les défoliants culturels et recettes miracles infusées à forte dose par les principaux acteurs du système international*[367] *». « Il veut forger une dynamique qui corresponde au génie des peuples africains eux-mêmes*[368] *»*. Joseph Ki-Zerbo a ainsi créé sa propre institution pour donner une impulsion

366 D'après la brochure du C.E.D.A., voir annexes, pp. 183-184.

367 *Idem.*

368 *Ibid.*.

nouvelle aux réflexions sur les problèmes de développement, une réflexion « endogène », en adéquation avec les besoins du continent. Appuyé par l'U.N.E.S.C.O., il dispose d'une liberté d'action qui lui permet d'approfondir la réflexion sur ces thèmes. Le centre propose aussi un fonds documentaire très riche, comprenant plus de dix mille ouvrages, ce qui en fait une des bibliothèques les plus fournies de la Haute-Volta. Enfin, entre autres activités, le C.E.D.A. organise des colloques. Ainsi, on relève une conférence sur « *Ethnodéveloppement et ethnocide en Afrique* » en 1981 tandis que l'année suivante a lieu une enquête sur le terrain autour du thème « *Endogène et exogène en Afrique* ». Malheureusement, le C.E.D.A. est contraint de suspendre ses activités en 1983 en raison du contexte politique en Haute-Volta. Cette année-là, nous l'avons vu[369], Thomas Sankara s'empare du pouvoir et instaure la Révolution. Pour divergences de vue avec le chef de la Révolution, Joseph Ki-Zerbo s'exile la même année à Dakar. Ne pouvant envisager un retour immédiat dans son pays, il recréée le C.E.D.A. en 1986 dans la capitale sénégalaise sous le nom de C.R.D.E., Centre de Recherches pour le Développement Endogène. Les activités reprennent alors avec la même vigueur. Des enquêtes sur les concepts endogènes/exogènes ont à nouveau lieu tandis que le centre organise un grand colloque interafricain à Bamako, en 1989, sur le thème fondateur du C.E.D.A., le *« développement endogène »*.

En 1992, presque dix ans après l'avoir quitté, Joseph Ki-Zerbo regagne son pays, le Burkina-Faso[370]. En rentrant, il découvre, stupéfait, que son immense bibliothèque a été pillée lors des multiples événements qui ont secoué le pays durant son absence. Il n'était alors pas rare de retrouver des feuilles d'ouvrages, déchirées, qui servaient aux vendeuses de rue pour emballer la nourriture. Joseph Ki-Zerbo affronte sans se résoudre cette nouvelle épreuve et décide de refonder le C.E.D.A.. Il met en place un espace

---

369 Voir 2ème partie.

370 La Haute-Volta est devenue le Burkina-Faso le 4 août 1984.

de lecture comprenant une bibliothèque publique pour étudiants et chercheurs. Pour cela, il doit renouveler le fond documentaire, passé de onze mille ouvrages environ à seulement deux mille. Aussi, bénéficiant d'une aide financière de l'ambassade des Pays-Bas, le centre organise à nouveau des conférences et débats. Il prévoit également de publier *Les cahiers du C.E.D.A.* et enfin de reprendre des programmes de recherche opérationnelle sur le développement endogène, l'intégration africaine et autres thèmes de recherche. Aujourd'hui encore, le C.E.D.A. est présent à Ouagadougou. Néanmoins, hormis le fond documentaire, ses activités sont rares, certainement faute de financement. Depuis sa création en 1980, il est parvenu à organiser la recherche sur le thème du développement endogène. Mais, encore une fois, il n'a guère pu peser concrètement sur le quotidien des peuples concernés. On retient toutefois le colloque de Bamako en 1989, une réalisation majeure de l'institut fondé par Joseph Ki-Zerbo.

2. « La natte des autres »

Le colloque interafricain organisé par le C.R.D.E. à Bamako en 1989 a réuni des chercheurs autour du concept cher à Joseph Ki-Zerbo, le *« développement endogène »*. Les travaux de cette réunion ont été, par la suite, compilés dans un ouvrage publié en 1992 sous la direction de Ki-Zerbo, *La natte des autres, pour un développement endogène en Afrique*[371]. Il convient de s'arrêter sur quelques réflexions soulevées lors de ce colloque qui a concrétisé les travaux entrepris par le C.E.D.A. devenu C.R.D.E..

« Dormir sur la natte des autres, c'est comme si on dormait par terre ». Véritable credo du C.R.D.E., ce dicton africain décline la problématique de l'ouvrage. Joseph Ki-

371 Ki-Zerbo J. (dir.), *La natte des autres: pour un développement endogène en Afrique*, Actes du colloque de Bamako en 1989, Dakar : COSDERIA, Paris : Karthala, 1992, pp. 1-71. Voir couverture, annexes, p. 185.

Zerbo évoque, en présentation, les facteurs nécessaires au développement : la démocratie vécue, l'intégration africaine et la formation endogène. Il insiste sur le fait d'expérimenter et de construire plutôt que d'importer les modèles démocratiques ou éducatifs du « Nord ». Ainsi, la devise du C.R.D.E., relayée dans cet ouvrage, est : *« On ne développe pas, on se développe »*. Il s'agit donc du développement de l'Afrique, pas du développement en Afrique. Ce développement endogène n'est pas un repli autarcique sur soi, c'est un processus ouvert, raisonné, qui veut conserver l'identité africaine tout en s'inspirant des expériences exogènes. Cet ouvrage rassemble les contributions théoriques et des études de cas présentées lors du colloque. Les différents chercheurs s'arrêtent sur des thèmes divers touchant le développement, l'agriculture, la science, la recherche, la coopération interafricaine, les nouvelles techniques, ... Il constitue une base de travail sur le thème du *« développement endogène »*, pour que, à l'avenir, l'Afrique cesse *« d'être une vaste mine à ciel ouvert pour y puiser des produits bruts »*. Joseph Ki-Zerbo y transmet toute son énergie dans la lignée de son combat pour une émancipation de l'Afrique, émancipation autonome, de l'intérieur.

3. Prises de position et contributions diverses

Tout au long de sa carrière, Joseph Ki-Zerbo a usé de son statut d'intellectuel en prenant position sur de nombreuses questions touchant à l'avenir de l'Afrique. Une de ses convictions majeures, que nous avons entrevue préalablement, est l'unité africaine qu'il situe au même niveau que la question de l'éducation des hommes, toutes deux facteurs de développement. Dès la fondation du M.L.N., il parle d'Etats-Unis d'Afrique, d'indépendance dans l'unité en brandissant le « non » » au référendum de 1958[372]. Il développe ce thème dans son *Histoire de*

372 Voir 1ère partie.

l'Afrique noire[373], faisant l'historique des démarches d'unification qui ont rythmé le 20ème siècle en Afrique. Il appuie donc les initiatives de l'O.U.A., Organisation de l'Unité Africaine et de la C.E.D.E.A.O, Communauté Economique des Etats d'Afrique de l'Ouest[374].

L'O.U.A. est créée en mai 1963 à Addis Abeba en Ethiopie. Elle adopte une charte signée par trente pays, proclamant de grands principes d'unité et créant des organes de décision[375]. Née d'un élan collectif et d'une volonté de créer des instances communautaires, l'O.U.A. marque le pas au niveau de ses réalisations, illustrant la difficulté d'unir un si vaste continent. Elle devient l'U.A., Union Africaine, en 2002 pour rebondir après une période d'inactivité. Pour Joseph Ki-Zerbo, le seul moyen pour l'Afrique de se faire une place dans le monde, économiquement et politiquement, passe par l'union de ses forces. Peut-être que l'unité régionale est plus facile à réaliser. La C.E.D.E.A.O. est créée en 1975 à la suite du traité de Lagos. Sa finalité est la création d'un marché commun avec la libre circulation des biens, des services et des personnes[376]. Depuis, avec la formation de l'E.C.O.M.O.G., structure militaire de défense, elle s'est engagée sur le terrain politique en participant au règlement de conflits régionaux. Certes, on aboutit à des résultats mais en s'éloignant des objectifs économiques de départ pour se focaliser sur les questions de maintien de la paix[377].

Les velléités d'union de l'Afrique existent donc mais peinent à aboutir. Joseph Ki-Zerbo appuie les projets cités ci-dessus mais il en est absent. Pourtant, en sa qualité d'intellectuel unanimement reconnu sur le continent, il aurait trouvé sa place dans ces institutions panafricaines.

---

373 D'après Ki-Zerbo J., *Histoire de l'Afrique noire, op. cit*, pp. 644-674.

374 D'après *Appel pour le changement, op. cit.*, p. 27.

375 D'après Ki-Zerbo J., *Histoire de l'Afrique noire, op. cit*, p. 656.

376 D'après *L'Evènement*, bi-mensuel burkinabé, n° 29, 10 octobre 2003.

377 *Idem.*

Ainsi, on peut regretter qu'il n'ait pas consacré un peu de son énergie en faveur d'organisations dont il proclame l'ardente nécessité. Une certaine contradiction apparaît ainsi entre ses convictions et son engagement. Cependant, impliqué sur le front culturel et intellectuel, à travers sa carrière d'historien et son rôle à l'U.N.E.S.C.O, ainsi que sur le front politique local, chez lui, en Haute-Volta, avait-il encore du temps pour se consacrer aux institutions politiques interafricaines ?

Sa notoriété l'amène également à prendre position sur les grandes questions de la fin du 20ème siècle. Dans un contexte de mondialisation où les pays riches disposent à leur guise des pays pauvres, cet ardent défenseur du continent africain ne pouvait rester sans réaction. Arrêtons nous ainsi sur l'article qu'il a publié dans la revue *Les cahiers Nord-Sud*. Il y dresse un véritable réquisitoire contre un système dont il condamne les méthodes et les effets sur les populations africaines. L'homme a atteint un stade de domination spatiale et temporelle sur le monde entier. L'économie est ainsi devenue mondiale et le pouvoir des riches s'est répandu sur l'ensemble de la planète. Pourtant, il n'y a pas qu'une seule mondialisation mais des mondialisations vécues différemment, selon l'endroit où l'on vit, déclare justement Joseph Ki-Zerbo. Ce processus de globalisation veut tout absorber, quitte à exclure ce qui est incompatible avec son système de profit. Dans cette logique d'économie mondiale, les pays pauvres pèsent tellement peu qu'ils sont écartés. Par contre, la dimension environnementale, pourtant vitale, est totalement omise. Joseph Ki-Zerbo peut donc affirmer que *« la mondialisation néo-libérale est un système total, sinon totalitaire, intégriste en somme, qui gouverne toutes les dimensions de la vie individuelle et collective »*. C'est comme un jeu dans lequel les règles sont fixées par les vainqueurs. La solution, pour l'Afrique, se trouve encore une fois dans l'union, l'intégration régionale, pour peser un peu plus.

La dimension environnementale du propos de Joseph Ki-Zerbo mérite de s'arrêter un instant. Il a en effet dirigé à ce sujet une compilation de textes publiés sous le titre

Compagnons du soleil[378] en 1992. Cet ouvrage est né de l'initiative du « groupe de Vézelay », créé en 1986, composé de huit personnes et dont fait partie le Professeur. Ils ont voulu, à travers de grands textes sur les rapports entre l'homme et la nature, montrer que les sociétés contemporaines développent des risques majeurs au détriment du milieu naturel dans lequel elles vivent. Véritable mise en garde écologique contre les dérives de l'homme, *Compagnons du soleil* est un recueil de textes fondateurs qui situent l'homme face au milieu naturel. Présentant les mythes qu'ont forgés des rapports millénaires entre les hommes et la nature, ces contes et poèmes balayent les grandes périodes de l'histoire. Joseph Ki-Zerbo, auteur de la présentation, écrit : « *Le Nord pousse tous les peuples du globe à scier la branche sur laquelle nous sommes tous installés*[379] ». Cet ouvrage collectif veut donc promouvoir l'idée que « *le développement doit être solidarité, pas souveraineté* ». A vouloir humaniser la nature par l'industrialisation et l'urbanisation, on précipite sa destruction sans s'en rendre compte. Résolument écologiste, cet ouvrage, ardemment défendu par Joseph Ki-Zerbo, donne un aperçu du combat idéologique qu'il a engagé contre la mondialisation.

On retient également ses productions intellectuelles sur des domaines très variés[380]. Beaucoup ont cependant disparu avec le pillage de sa bibliothèque. Ses contributions à tant de colloques et de conférences ont marqué de nombreux esprits. Il a aussi préfacé un certain nombre d'ouvrages, apportant un point de vue érudit à chacune des publications. On peut citer ses préfaces d'ouvrage historique comme celui de Jeanne-Marie Kambou-Ferrand, d'ouvrage politique, celui de son

---

378 Ki-Zerbo J., *Compagnons du soleil : anthologie de grands textes de l'humanité sur les rapports entre l'homme et la nature*, Paris, Editions La découverte, U.N.E.S.C.O., 1992.

379 D'après Ki-Zerbo J., *Compagnons du soleil ..., op. cit.*, pp. 7-35.

380 Voir les quelques indications sur sa bibliographie et ses productions intellectuelles dans son curriculum vitae, annexes, pp. 186-190.

regretté confrère Ahmadou Dicko ou enfin d'ouvrages sur l'éducation ou l'environnement[381].

Enfin, preuve d'une notoriété qui dépasse le cadre de son continent, il reçoit en 1993 le prix du livre de l'Union Européenne pour l'ouvrage *La natte des autres* et, en 1997, le prix Nobel alternatif. De fait, Joseph Ki-Zerbo est un intellectuel de l'Afrique du 20ème siècle et du début du 21ème siècle qui a su au mieux prendre part aux débats de son temps.

---

381 Pour tous ces ouvrages, voir les sources, p. 135.

CONCLUSION

L'itinéraire de vie de Joseph Ki-Zerbo, a mis en lumière le parcours d'un homme acquis au profit d'une cause, l'émancipation du continent africain.

Le jeune Joseph Ki-Zerbo est d'abord façonné par le milieu familial dans lequel il a grandi. Il bénéficie d'une éducation solide, chez les missionnaires catholiques de son village d'origine, à Toma, dans la mission que son père, Alfred Diban, catéchiste, avait fondée. Celui-ci, au prix de nombreuses péripéties, avait connu des missionnaires français au côté desquels il s'était acculturé et avait bénéficié d'une ouverture d'esprit. Ainsi, lorsque Joseph Ki-Zerbo décide de partir à Dakar poursuivre ses études, ses parents ne le brident pas. La tradition villageoise de donner une femme à un homme majeur n'est pas demeurée une fin en soi pour des parents qui ont représenté un facteur de stabilité chez notre homme.

Joseph Ki-Zerbo allait ainsi prendre son envol, lui qui entrevoit tellement de choses à faire dans cette Afrique encore française. Il obtient le baccalauréat à Bamako où il rencontre celle qui deviendra sa femme. Une bourse d'études lui permet alors d'aller à Paris pour assouvir cette soif d'apprendre, apprendre pour forcer le destin et, certainement l'a-t-il déjà en tête, prendre part aux débats politiques qui agitent l'Afrique francophone.

Brillant étudiant agrégé d'histoire à la Sorbonne, l'université la plus prestigieuse de France, Joseph Ki-Zerbo parvient déjà à trouver sa place dans un milieu intellectuel métropolitain. Alors, l'historien qu'il est définit sa priorité, dans un esprit militant, réhabiliter l'histoire de l'Afrique. Cette dernière, absente de l'enseignement et des manuels, largement méconnue par plusieurs générations d'historiens qui l'ont précédé, est pourtant riche et doit être exhumée. C'est une des grandes convictions de notre homme. Aussi, il manifeste une volonté de s'engager politiquement dans le contexte propice de ces années 1950 où l'édifice colonial vacille. L'épisode parisien représente ainsi pour Joseph Ki-Zerbo l'accomplissement de ses rêves de jeunesse, lutter contre l'ordre colonial persistant en Afrique. A travers son action dans les associations étudiantes, il entame le chemin qui le conduit vers le grand syndicat étudiant marxiste et anti-colonialiste de l'époque, la F.E.A.N.F.. Il devient un militant politique intrépide. A l'issue de son séjour parisien, Joseph Ki-Zerbo a la certitude qu'il va désormais se battre pour la libération de son continent. Brillant historien, il se lance dans le vaste projet d'éclairer le passé de l'Afrique. Passionné par les joutes verbales, il s'engage sur la voie politique. Il s'éloigne alors du marxisme étudiant pour adopter l'idéologie socialiste. Politique et histoire, il a trouvé les axes de son combat intellectuel.

Il commence son combat politique animé par les rêves de cette génération d'étudiants qui assiste, alors qu'elle est à l'université en France, à l'effritement du système colonial. L'esprit plein d'espoir, ils veulent participer, en tant qu'élites lettrées et occidentalisées, à cet élan émancipateur qui semble, à juste titre, réalisable. Guidé par son illustre aîné, Kwamé N'Krumah, le leader de l'indépendance du Ghana, le jeune politicien qu'est Joseph Ki-Zerbo se heurte vite à la réalité du terrain. Difficile d'exister dans le contexte colonial. Rapidement, l'espoir de fonder un grand parti politique panafricain s'envole. Les indépendances arrivent, en 1960, et l'Afrique devient une somme de pays, anciennes colonies, sans unité politique ni géographique. Alors, restreint à la vie politique de son pays, la Haute-Volta, il poursuit son action et parvient, tant bien que mal, à faire entendre sa voix.

A l'issue d'une quarantaine d'années de vie politique, Joseph Ki-Zerbo laisse d'abord l'image d'un éternel opposant guidé par un goût immodéré de l'exercice politique. Il n'a de cesse, malgré la censure du pouvoir, de manifester ses idées par tous les moyens et fomente ainsi deux coups d'Etat. Dans le contexte voltaïque, cela n'en fait pas un révolutionnaire irréductible mais cela révèle plutôt l'impossibilité de s'imposer d'une autre manière. De la difficulté d'exister par la voie officielle aux maladresses politiques, Joseph Ki-Zerbo n'a au final jamais pu imposer sa politique en Haute-Volta. Peut-être devait-il se retirer[382] ? Malgré un essoufflement certain, il a cependant montré sa passion indéfectible, obstinée, du combat politique, lui « l'éternel opposant ».

Deuxième volet d'une carrière consacrée à l'Afrique, Joseph Ki-Zerbo se lance par, ses travaux d'historien dans une réhabilitation du passé du continent. Une fois ses études achevées, il n'a plus de doutes. Son premier travail d'historien sera une histoire du continent africain, depuis les origines. Frustré que l'histoire de l'Afrique soit occultée pendant ses études et incrédule face aux historiens des cent dernières années qui ont ignoré la possibilité de reconstruire le passé du continent, il s'attelle à la tâche. Ce « rêve d'étudiant » d'établir, seul, une monographie historique prend forme peu à peu. Joseph Ki-Zerbo l'achève à l'aube des années 1970, faisant preuve d'une étonnante capacité de travail et de recherches. La première monographie sur l'histoire globale de l'Afrique subsaharienne, dont l'auteur est africain, est publiée en 1972. Alors, il poursuit son œuvre. Lorsque l'U.N.E.S.C.O. lance son *Projet d'histoire générale de l'Afrique*, Joseph Ki-Zerbo y participe en menant les travaux méthodologiques sur le traitement de la tradition orale, si longtemps occultée, dans une démarche d'historien. Il signe ainsi le volume I de cette encyclopédie et se situe alors parmi les grands spécialistes de l'histoire du continent. L'historien Joseph Ki-Zerbo est ainsi parvenu à rendre un peu de sa splendeur passée au continent. Une de ses convictions majeures se voit réalisée.

En parallèle, il exerce son métier de professeur de belle manière. De France en Haute-Volta en passant par Dakar, il forme de jeunes élèves et leur transmet le goût de l'histoire. Poursuivant son dessein dans le milieu éducatif,

---

382 Voir l'affaire Emile Paré, son successeur désigné, qui fut écarté avant de fonder un nouveau parti, en 2001.

il œuvre pour donner à l'Afrique une institution panafricaine d'enseignement supérieur, le C.A.M.E.S..

Un autre volet de son engagement pour le continent se retrouve, sous l'égide de l' U.N.E.S.C.O., avec ses contributions dans le domaine de l'éducation. Alors, non pas que, jusque là, il avait laissé de côté ce statut, l'intellectuel Joseph Ki-Zerbo se dégage. L'historien-intellectuel s'implique dans les grandes causes de l'Afrique, l'école, le développement, l'actualité. Il crée le C.E.D.A. pour promouvoir la recherche sur *« le développement endogène »* et publie, avec l'aide de nombreux chercheurs, un ouvrage sur ce thème qui lui est cher[383]. Prenant position sur les grandes questions de son temps, l'unité africaine ou encore la mondialisation, il publie enfin un ouvrage mettant en relief la question environnementale[384]. Joseph Ki-Zerbo est donc sans conteste cet *« homme du culturel, créateur ou médiateur, mis en situation d'homme du politique, producteur ou consommateur d'idéologie »*[385]. Chaque volet de la définition de l'intellectuel que nous avons retenu s'applique à Joseph Ki-Zerbo, de même que les limites de sa transposition aux sociétés africaines. De fait, il est un intellectuel au sens occidental du terme mais ses idées en faveur de l'Afrique n'ont malheureusement pas atteint la majorité des peuples africains, vivant dans les campagnes, loin de l'information et de la culture occidentale.

Son dessein de participer à la marche en avant de son continent a trouvé deux expressions. D'un point de vue politique, si les espoirs du début se sont rapidement dissipés, il a sans cesse pris part à la vie politique de son pays. La période d'exil, difficile à accepter, ne l'a cependant pas empêché de poursuivre ses activités sur d'autres plans. Cependant, nous ne pouvons qu'être déçus au moment d'apprécier l'ensemble de son parcours politique, un parcours bien en deçà des prétentions qu'il affichait. Du point de vue intellectuel, l'historien Joseph

[383] Voir Ki-Zerbo J., *La Natte des autres*, *op. cit.*.

[384] Voir Ki-Zerbo J., *Compagnons du Soleil*, *op. cit.*.

[385] D'après Ory & Sirinelli, *Les intellectuels en France, de l'affaire Dreyfus à nos jours*, *op. cit.*.

Ki-Zerbo est sans conteste un grand historien de l'Afrique. Son œuvre et sa participation aux grands projets de son temps le placent parmi les figures de l'histoire de l'Afrique subsaharienne. Aussi, il s'est impliqué dans les grands défis qui agitent le continent africain. Ses contributions diverses le placent au rang de grand intellectuel africain. Si ses théories n'ont pas trouvé beaucoup d'échos au plus profond des sociétés africaines, son grand mérite est de ne s'être point démarqué à un moment ou un autre de la mission qu'il s'est donnée. Un combat de cette ampleur ne peut susciter que des réussites. Joseph Ki-Zerbo s'est battu et n'a jamais renoncé. Il en ressort une existence au service de l'Afrique. Il lui a rendu le prestige de son passé et s'est impliqué dans les grandes causes du continent selon un proverbe qui lui est cher, symbole du personnage, *« n'an laara, an saara*[386] *»*. Aussi, la modestie avec laquelle Joseph Ki-Zerbo a mené ses projets peut expliquer sa faible renommée hors des cercles intellectuels de l'Afrique, lui qui est au final, un grand homme de l'Afrique contemporaine.

Bordeaux, le 9 juin 2004

[386] *« Si nous nous couchons, nous sommes morts ».*

POSTFACE

Ainsi, le Professeur Joseph Ki-Zerbo nous a quittés. Son dernier souffle a été recueilli dans la matinée du lundi 4 décembre 2006, à son domicile de Koulouba, dans la fraîcheur ouagalaise de saison. Il avait 84 ans.

L'illustre Joseph Ki-Zerbo, homme de passion et de combat, a donc lutté jusqu'au bout, rendant son tablier de député quelques mois avant de partir, en septembre 2006, à l'ouverture de la session parlementaire. Certes, il avait déjà pris du recul en laissant les rênes de son parti à Ali Lankouandé, lors du congrès du 6 février 2005, fatigué de devoir à nouveau affronter une élection présidentielle, celle de décembre 2005.

Des funérailles d'envergure, à défaut d'être nationales, ont accompagné le Professeur jusqu'à sa dernière demeure, dans la cour familiale de Toma, entre son père et sa mère, un certain vendredi 8 décembre 2006. Une veillée funèbre, une célébration dans la cathédrale de Ouagadougou et un long cortège funéraire, sur les nombreux kilomètres qui le séparaient de son village natal, ont ainsi rythmé cette semaine de deuil. Le folklore local, emprunt des « parenté à plaisanterie » entre Mossis et Samos, a pour cette fois donné allégeance à l'illustre défunt que même les Mossis, hormis quelques récalcitrants, accepteront de considérer comme leur maître à tous.

Deux ans et demi après la clôture du texte qui vous a été donné de lire, au moment où les hommages unanimes pleuvent, tirer un bilan de l'existence de Joseph Ki-Zerbo n'est pas chose aisée. Toute une nation, trop souvent stigmatisée pour son état de pauvreté, loue non sans fierté cette grande figure intellectuelle qui a porté haut et fort les couleurs du « pays des hommes intègres ». Le retentissement international, tant en Afrique qu'au sein des cercles intellectuels proches du continent noir, place à sa juste valeur l'action de cet homme telle que nous l'avons présentée : riche, active et militante, tout en étant marquée d'une humilité à toute épreuve.

Je tenterai ici de préciser les traits marquants qui restent de cet homme, alors que, je le rappelle, ma connaissance du personnage demeure lacunaire. Ceux qui ont accompagné le « Professeur » tout au long de son existence, les témoins de son temps, sont ici invités à affiner les jugements qui suivent.

Oui, Joseph Ki-Zerbo, intellectuel africain, « éclaireur, guide » comme son nom le signifie, a marqué l'Afrique contemporaine en tant que témoin et acteur de ses évolutions et de ses échecs, mais également en tant que porteur de sa renaissance historique. Ses convictions progressistes n'ont eu de cesse de rendre à une Afrique déchue la place qui lui revenait. De fait, sa première entreprise fut de rendre à l'Afrique un passé qui lui échappait et de fonder les bases de la reconstruction du patrimoine historique du continent « berceau de l'humanité ». En cela, il montrait sa volonté de donner à l'Afrique une visibilité internationale digne, hors des récurrentes images néfastes qui envahissent le monde occidental.

Ensuite, pour la majeure partie de son parcours, animé qu'il était par une volonté perpétuelle de demeurer libre de ses actes et de ses opinions, je retiendrai le qualificatif de « précurseur ». Il prônait les valeurs de la participation en démocratie, prêchait l'idée du consensus minimum pour la décision politique et mettait en garde contre la mise à mal du patrimoine écologique – tout cela des décennies avant que ces concepts ne s'imposent aux démocraties développées du monde occidental. Il voulait promouvoir l'éducation afin de promouvoir un développement « de l'intérieur », pris en charge par les autorités des pays concernés elles-mêmes, comme le souhaitent maintenant les tenants de la coopération internationale. En cela, il se situait bel et bien à l'avant-garde d'un élan que l'on entrevoit à peine en ce XXIème siècle commençant. Citons à cet égard le retour de l'apprentissage en langue nationale au Burkina-Faso, grand credo de notre homme, ou encore, à l'échelon international, la dynamique de lutte contre la pauvreté basée sur des processus de développement participatifs pilotés par les autorités locales – en un mot « endogène ».

Malheureusement, la longévité de Joseph Ki-Zerbo dans le microcosme politique burkinabé, révélant un goût très fort de la chose publique, l'ont certainement épuisé et peut-être même discrédité, notamment auprès des jeunes Burkinabés. Certes, il a pesé sur le cours de l'histoire politique de la jeune Haute-Volta, favorisant des changements de régime, mais pas de la manière qu'il désirait ardemment. Ainsi, lorsqu'une nouvelle génération s'imposa au pouvoir dans les années 1980, incarna-t-il à son corps défendant et en dépit de sa clairvoyance politique une ère politique révolue – lui dont on pouvait considérer qu'il avait déjà eu sa chance. Au-delà, ses convictions politiques et intellectuelles n'étaient sûrement pas compatibles avec la situation d'une jeune démocratie en quête de stabilité.

L'intellectuel africain se révèle en cela presque allogène parmi les siens, parce que trop en avance sur son temps et sur la réalité locale. Trop idéaliste, trop peu opportuniste, certainement malchanceux, le combat politique n'a pas tellement réussi à Joseph Ki-Zerbo mais il l'aimait par-dessus tout, aveuglément parfois, passionnément toujours. Ainsi, trop soucieux de l'intégrité de son parti et des idées qu'il véhiculait, il ne l'a quitté qu'au crépuscule de sa vie, trop tard peut-être. Toutefois, sur le seul point de son parcours qui sonne comme un échec relatif, Joseph Ki-Zerbo a prouvé son amour des choses bien faites.

D'aucuns l'auraient bien vu, durant son exil des années 1980, occuper de hautes charges au service de son continent bien aimé – par exemple au sein d'institutions consacrées au développement de l'Afrique. Mais il a décliné ces offres, fournissant la preuve que son intégrité était la plus forte, en une belle leçon de modestie et d'indépendance d'esprit. De fait, notre homme a gardé sa liberté de ton jusqu'au bout, sans dévier de sa ligne de conduite, en s'affranchissant de toute évolution carriériste qui l'aurait condamné à souscrire au discours dominant, guidé de toute évidence par la conscience inébranlable de l'homme de foi.

A ce stade, il me reste à lancer un appel aux témoins de la vie de Joseph Ki-Zerbo, à tous ceux qui pourront enrichir cette biographie et corriger les jugements hâtifs et les interprétations inexactes qui subsistent dans cet ouvrage : tous peuvent aider à rendre au Professeur l'hommage qui lui est dû. En attendant ces futurs développements, puisse ce document fournir une trame aux travaux ultérieurs sur l'itinéraire d'un homme illustre dont la mémoire, modèle d'engagement et de modestie, doit inspirer les jeunes générations africaines, trop souvent en souffrance, dans leur quête d'avenir.

Florian Pajot
Bordeaux, le 7 janvier 2007

SOURCES

• *Ouvrages de Joseph Ki-Zerbo*

KI-ZERBO Joseph, *Le monde africain noir : histoire et civilisation*, Paris, Hatier, 1963, 94 p.

KI-ZERBO Joseph, *Histoire de l'Afrique noire : d'hier à demain*, Paris, Hatier, 1972, 702 p.

KI-ZERBO Joseph, *La tradition orale : problématique et méthodologie des sources de l'histoire africaine*, Niamey, C.R.D.T.O., 1972, 197 p.

KI-ZERBO Joseph, *Perspectives de l'éducation*, Paris, Codiam, 1973, 19 p.

KI-ZERBO Joseph, *Alfred Diban, premier chrétien de Haute-Volta*, Paris, Editions du cerf, 1983, 148 p.

Comité scientifique international pour la rédaction d'une histoire générale de l'Afrique, *Histoire générale de l'Afrique*, tome I, « Méthodologie et préhistoire africaine » : directeur de volume J.KI-ZERBO, Paris, U.N.E.S.C.O., 1980

Comité scientifique international pour la rédaction d'une histoire générale de l'Afrique, *Histoire générale de l'Afrique*, tome VIII, « L'Afrique depuis 1935 » : directeur de volume A.A. MAZRUI, Paris, U.N.E.S.C.O., 1998.

KI-ZERBO Joseph, *Eduquer ou périr*, Abidjan : U.N.I.C.E.F., Dakar : U.N.E.S.C.O., Paris : L'Harmattan, 1990, 120 p.

KI-ZERBO Joseph, *Compagnons du soleil : anthologie de grands textes de l'humanité sur les rapports entre l'homme et la nature*, Paris, Editions la Découverte, U.N.E.S.C.O., 1992, 681 p.

KI-ZERBO Joseph (dir.), *La natte des autres : pour un développement endogène en Afrique*, Actes du colloque de Bamako en 1989, Dakar : C.O.S.D.E.R.I.A., Paris : Karthala, 1992, 494p.

KI-ZERBO Joseph, *A quand l'Afrique ?*, La Tour d'Aigues, Editions de l'Aube, 2003, 197 p.

• ***Ouvrages préfacés par Ki-Zerbo***

DICKO Ahmadou Abdoullahi, *Journal d'une défaite, autour du référendum du 28 septembre 1958 en Afrique noire*, Paris, L'Harmattan-Dag Hammarskjöld Foundation, 1992, 127 p.

KAMBOU-FERRAND Jeanne-Marie, *Peuples voltaïques et conquête coloniale*, 1885-1914, Paris, l'Harmattan, 1993, 480 p.

MARIKO Kélétigui Abdourahmane, *La mort de la brousse : dégradation de l'environnement au Sahel*, Paris, Karthala, 1996, 126 p.

MOUMOUNI Abdou, *L'éducation en Afrique*, Paris-Dakar, Présence africaine, 1998, 327 p.

PACERE Titinga Frédéric, *Refrains sous le Sahel : poèmes*, Paris, P.J. Oswald, 1976, 89 p.

• ***Divers***

Appel pour le changement, brochure politique présentant le cursus de Joseph Ki-Zerbo jusqu'au début des années 1980, supposé rédigé par lui-même.

BADINI Amadé, « Joseph Ki-Zerbo (1922-...) » dans *Prospects : the quarterly review of comparative education*, vol. XXIX, n°4, Paris, U.N.E.S.C.O.-International bureau of education, 1999.

L'éclair, journal du M.L.N., n° 1-n° 46.

La voix du peuple, journal de l'U.P.V., n° 1-n° 21.

Articles de J. Ki-Zerbo dans *Présence africaine :*
- n°12, « L'histoire recommence ».
- n°13, « Responsabilités estudiantines ».
- n°16, « Histoire et conscience nègre ».
- n°38, « Enseignement et culture africaine ».
- n°41, « La personnalité négro-africaine ».

Entretien radiophonique Joseph Ki-Zerbo – Jacques Chancel, Radioscopie, France Inter, 06 juin 1973.

• ***Presse***

L'indépendant, L'Observateur, Sidwaya,... (Burkina)
Le Monde (France)
Jeune Afrique (France)

BIBLIOGRAPHIE

L'AFRIQUE

• *Ouvrages généraux*

AJAYI Jacob Festus Ade, *Atlas historique de l'Afrique*, Paris, Jaguar, 1988, 174 p.

COQUERY-VIDROVITCH Catherine & MONIOT Henri, *L'Afrique noire de 1800 à nos jours*, Paris, P.U.F., 1964, (4ème rééd., 1993), 499 p.

D'ALMEIDA TOPOR Hélène, *L'Afrique au 20ème siècle*, Paris, Armand Colin, 1993, (Rééd. 1999).

• *Ecrire l'histoire de l'Afrique*

AMENGAL Michel, *Une Histoire de l'Afrique noire est-t-elle possible ?*, Dakar-Abidjan, Les Nouvelles Editions Africaines, 1975.

BRUNSCHWIG H., « Une histoire de l'Afrique noire est-elle possible? » dans *Mélanges en l'honneur de Fernand Braudel*, Méthodologie de l'histoire et des sciences humaines, Privat, 1973, pp. 275-281.

COQUERY-VIDROVITCH Catherine, « Les débats actuels en histoire de la colonisation » dans *Tiers-Monde*, n°112, 1988.

DULUCQ Sophie, « Décoloniser l'histoire de l'Afrique : une impossible entreprise ? L'exemple de l'école historique d'Ibadan (Nigéria) », dans DULUCQ Sophie & ZYTNICKI Colette (dir.), *Décoloniser l'histoire ? De "l'histoire coloniale" aux histoires nationales en Amérique latine et en Afrique, 19ème et 20ème siècle*, Saint-Denis, Société française d'Outre-Mer, 2003, 176 p.

DULUCQ Sophie, « Ecrire l'histoire de l'Afrique au sud du Sahara : un bilan historiographique (19ème -20ème siècle) », texte inédit.

JEWSIEWICKI Bogumil & NEWBURY David (ed.), *African Historiographies. What History for Which Africa ?*, Londres, Sage, 1986.

La méthodologie de l'histoire de l'Afrique contemporaine : documents de travail et compte-rendu de la réunion d'experts organisée par l'UNESCO à Ouagadougou (17/22-05-1979), Paris, UNESCO, 1984.

MONIOT H., « L'histoire des peuples sans histoire » dans LE GOFF J. & NORA P., *Faire de l'histoire : nouveaux problèmes (t.1)*, Paris, Gallimard, 1974.

PIRIOU Anne, « Intellectuels colonisés et écriture de l'histoire en Afrique de l'Ouest (1920-1945) », dans DULUCQ Sophie & ZYTNICKI Colette (dir.), *Décoloniser l'histoire ? De "l'histoire coloniale" aux histoires nationales en Amérique latine et en Afrique, 19ème et 20ème siècle*, Saint-Denis, Société française d'Outre-Mer, 2003.

- ***Les étudiants africains en France***

DEWITTE Philippe, « Intellectuel et étudiants africains à Paris à la veille des indépendances » dans MARES A. et MILZA Pierre, *Le Paris des étrangers depuis 1945*, Paris, Publications de la Sorbonne, 1994, pp. 319-342.

DIANE Charles, *La F.E.A.N.F. et les grandes heures du mouvement syndical étudiant noir*, Paris, Chaka, 1990, 190 p.

DULUCQ Sophie, "Pupils and students from Sub-Saharan Africa in France since the late 19th century" dans BADE Klaus B., EMMER Pieter C. et al. (ed.), *Migration,*

Integration, Minorities since the 17th Century. A European Encyclopaedia.

GUIMONT Fabienne, *Les étudiants africains en France : 1950-1965*, Paris – Montréal, L'Harmattan, 1998.

TRAORE Sékou, *La Fédération des Etudiants d'Afrique Noire en France*, Paris, L'Harmattan, 1985, 102 p.

• *Le contexte politique et intellectuel en Afrique*

DE BENOIST Joseph-Roger, *Eglise et pouvoir colonial au Soudan Français*, Paris, Karthala, 1987, 539 p.

DE BENOIST Joseph-Roger, *L'Afrique occidentale française de la conférence de Brazzaville (1944) à l'indépendance (1960)*, Dakar, Nouvelles éditions africaines, 1983, 617 p.

PFOUMA Oscar, *Le nègre de Vélasquez et le miroir de l'histoire*, Paris, Publisud, 1996, 114p

• *Sur le Burkina-Faso et la Haute-Volta*

GUISSOU Basile, *Burkina-Faso, un espoir en Afrique*, Paris, L'harmattan, 1995.

KABEYA MUASE C., *Syndicalisme et démocratie en Afrique noire, l'expérience du Burkina-Faso*, Abidjan-Inadès Editions, Paris-Karthala, 1989.

KABORE Roger-Bila, *Histoire politique du Burkina Faso 1919-2000*, Paris, L'Harmattan, 2002.

LEJEAL Frédéric, *Le Burkina Faso*, Paris, Karthala, 2002.
MASSA G. & MADIEGA Georges (dir.), *La Haute-Volta coloniale*, Paris, Karthala, 1995.

LES INTELLECTUELS

ORY P. & SIRINELLI Jean-François, *Les intellectuels en France : de l'affaire Dreyfus à nos jours*, Paris, Armand Colin, 1996.

Politique africaine, n° 51, « Les intellectuels africains », octobre 1993.

SIRINELLI Jean-François, « Le hasard ou la nécessité ? Une histoire en chantier : l'histoire des intellectuels », *Vingtième siècle*, janv-mars 1986, pp. 97-108.

TREBITSCH M. & GRANJON M.C., *Pour une histoire comparée des intellectuels*, Bruxelles, Editions Complexes, 1998.

LA BIOGRAPHIE

PENEFF Jean, *La méthode biographique*, Paris, Armand Colin, 1990.

LEVILLAIN Philippe, « Les protagonistes de la biographie » dans REMOND René (dir.), *Pour une histoire politique*, Paris, Seuil, 1996.

DIVERS

BÂ Amadou-Hampâté, *Oui mon commandant !*, Mémoires, t.2, Arles, Actes Sud, 1996.

HAUSSER Michel, *Pour une poétique de la négritude*, tome 1, Paris, Silex éditions, 1988.

KESTELOOT Lilyan, *Histoire de la littérature négro-africaine*, Paris, Karthala, 2001.

ANNEXES

- **p. 146** : Carte du Burkina-Faso, ex-Haute-Volta.
- **p. 147** : Couverture de l'ouvrage de Joseph Ki-Zerbo, *Alfred Diban, premier chrétien de Haute-Volta* (1983).
- **p. 148** : Une de *Afrique Nouvelle*, n° 1, 15 juin 1947.
- **p. 149** : Couverture de l'ouvrage de Joseph Ki-Zerbo, *A quand l'Afrique ?* (2003).
- **p. 150** : Couverture de *Appel pour le changement*. Ce livret est anonyme. Toutefois, à sa lecture, on peut deviner que Joseph Ki-Zerbo en est l'auteur et qu'il s'en sert pour préparer les élections présidentielles et législatives de 1978. On y trouve de nombreuses indications sur son parcours, ses idées et son programme.
- **p. 151** : Une de *L'étudiant d'Afrique noire*, organe de la F.E.A.N.F..
- **pp. 152-153** : Article de Joseph Ki-Zerbo, « Responsabilités estudiantines » paru dans *Présence Africaine*, n° 13.
- **pp. 154-158** : Eloge de Kwamé N'Krumah par Joseph Ki-Zerbo issu de *L'Eclair*, n° 31, avril 1972.
- **pp. 159-168** : Allocution de Joseph Ki-Zerbo, secrétaire général du M.L.N. dans *L'Eclair*, n° 3,

1er-15 mai 1970. Joseph Ki-Zerbo y présente les origines et les objectifs du parti.

- **p. 169** : Une de *L'Eclair*, journal du M.L.N., n° 30, mars 1972.
- **p. 170** : Une de *La voix du peuple*, journal de l'U.P.V., n° 10.
- **p. 171** : Couverture de l'ouvrage de Joseph Ki-Zerbo, *Le monde africain noir* (1963).
- **p. 172** : Couverture de l'ouvrage de Joseph Ki-Zerbo, *Histoire de l'Afrique noire* (1972).
- **p. 173-175** : Préface et avant-propos de *Histoire de l'Afrique noire*. On peut lire en préface le jugement de Fernand Braudel sur l'ouvrage majeur de Ki-Zerbo. L'avant-propos évoque la rédaction de l'ouvrage et ses difficultés.
- **pp. 176-177** : Brochure du C.A.M.E.S., Conseil Africain et Malgache pour l'Enseignement Supérieur.
- **pp. 178-179** : Annonce du président de l'assemblée nationale de Haute-Volta suite à la démission de Joseph Ki-Zerbo en 1978.
- **pp. 180-181** : « L'affaire Ki-Zerbo », extrait de *La voix du peuple*, n° 21, mai-juin 1980. A propos de l'éviction de Joseph Ki-Zerbo de la tête du C.A.M.E.S..
- **p. 182** : Couverture de l'ouvrage de Joseph Ki-Zerbo, *Eduquer ou périr* (1990).
- **pp. 183-184** : Brochure du C.E.D.A., Centre d'Etudes pour le Développement Africain.

- **p. 185** : Couverture de l'ouvrage de Joseph Ki-Zerbo, *La natte des autres* (1989).

- **pp. 186-190** : Curriculum vitae de Joseph Ki-Zerbo obtenu au C.E.D.A. à Ouagadougou.

- **pp. 191-193** : Illustrations provenant de *Appel pour le changement*, ouvrage anonyme supposé rédigé par Joseph Ki-Zerbo lui-même.

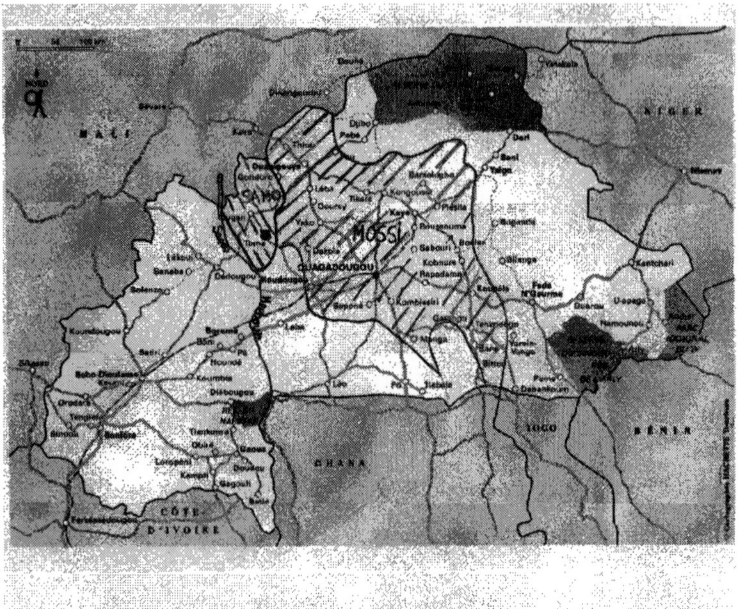

BURKINA-FASO

Source :
Carthographie Hachette Tourisme

JOSEPH KI ZERBO
Alfred Diban
premier chrétien de Haute-Volta
cerf
Alfred Diban
cerf
Alfred Diban, premier chrétien de Haute-Volta, a eu une existence exceptionnelle. Né vers 1875, il a vécu la vie traditionnelle dans toute sa dureté et sa beauté.
Fait captif après l'arrivée des Blancs, traîné jusqu'à la lisière du Sahara, il subit des sévices inouïs. Libéré de l'esclavage, il rencontre un missionnaire et se convertit. Dans six missions successives, avec les Pères blancs, il accomplit un prodigieux travail de pionnier, exerçant tous les métiers : catéchiste, maçon, guerrier... mais il est surtout homme de prière et de charité. A cent ans, lui, l'ancien berger, fait le pèlerinage de l'Année sainte à Rome (1975). Il est reçu en audience privée par le pape Paul VI qui le fait asseoir sur son trône pontifical.
Une vie pathétique comme une aventure, merveilleuse comme un conte, ardente et droite comme une flamme.
Joseph Ki Zerbo, un des fils d'Alfred Diban, historien, a recueilli sur cassettes le témoignage de son père et l'a traduit du moré en français. Il est aujourd'hui directeur du Centre d'études pour le développement africain (C.E.D.A.), vice-président du Conseil international de la Philosophie et des sciences humaines, président de l'Association des historiens africains.
"semeurs"
41 F
ISSN 0293-7662
ISBN 2-204-02079-6
Atelier Jade

CONNAITRE — AIMER — SERVIR

AFRIQUE nouvelle

La Quinzaine dans le Monde

EDITORIAL

Notre Idéal et notre But

Afrique Nouvelle !

Joseph
Ki-Zerbo
À QUAND L'AFRIQUE ?
ENTRETIEN AVEC RENÉ HOLENSTEIN
JOSEPH KI-ZERBO
À QUAND L'AFRIQUE ?

Appel
pour le changement

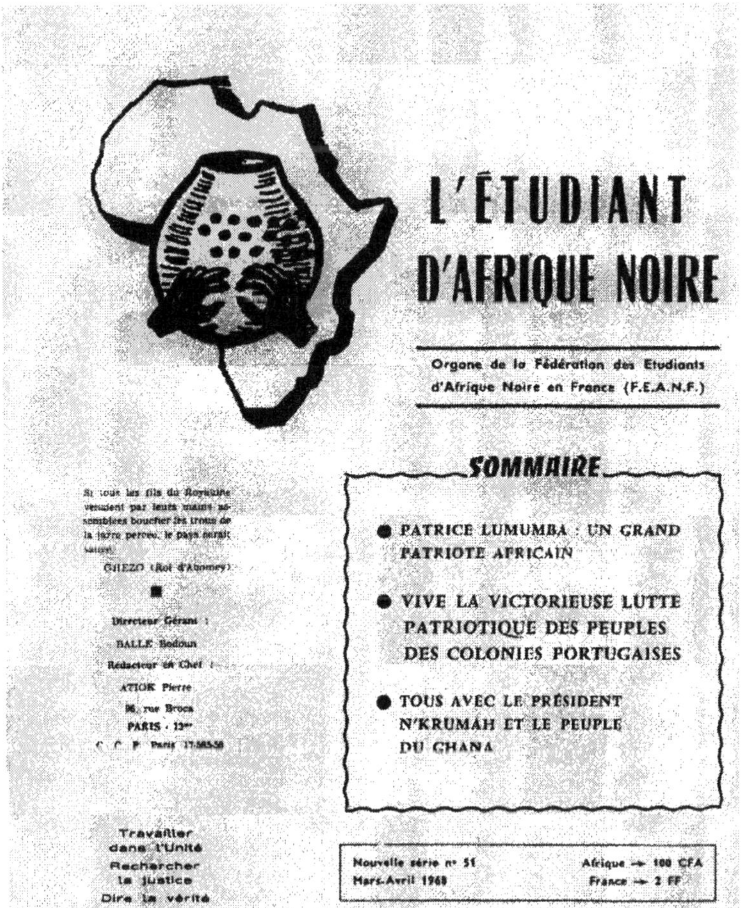

L'ÉTUDIANT D'AFRIQUE NOIRE

Organe de la Fédération des Etudiants d'Afrique Noire en France (F.E.A.N.F.)

Si tous les fils du Royaume venaient par leurs mains assemblées boucher les trous de la jarre percée, le pays serait sauvé.

GHEZO (Roi d'Abomey)

■

Directeur Gérant :

BALLE Bodoun

Rédacteur en Chef :

ATIOK Pierre

96, rue Broca

PARIS - 13me

C. C. P. Paris 17.585.58

Travailler dans l'Unité

Rechercher la justice

Dire la vérité

SOMMAIRE

- PATRICE LUMUMBA : UN GRAND PATRIOTE AFRICAIN
- VIVE LA VICTORIEUSE LUTTE PATRIOTIQUE DES PEUPLES DES COLONIES PORTUGAISES
- TOUS AVEC LE PRÉSIDENT N'KRUMAH ET LE PEUPLE DU GHANA

Nouvelle série n° 51
Mars-Avril 1968

Afrique → 100 CFA
France → 2 FF

Source : TRAORE Sékou, *La Fédération des Etudiants d'Afrique Noire en France*, Paris, L'Harmattan, Paris, L'Harmattan, 1985, p. 43.

Responsabilités estudiantines

Notre époque depuis la Libération est marquée par la tension Est-Ouest. Cette tension a pour enjeu l'économique. *La promotion de la classe ouvrière a engendré une vision du monde où l'économique éclaire et explique l'univers et inspire l'action.*

Mais c'est l'émergence des peuples jeunes (colonies ou anciennes colonies) qui pose le problème politique, *et illustre de la façon la plus dramatique la gravité de la problématique du pouvoir.*

Certes l'Europe a fait l'expérience de la dictature. Ce n'est pas sans émotion que nous songeons au sort tragique réservé par Hitler [illegible] *institutions et leaders démocratiques. Après Hitler, Staline a donné bien du mal aux* [illegible]

Mais c'est nous qui sommes le plus gravement concernés aujourd'hui par le problème du pouvoir politique. L'État moderne en effet n'avait jamais amassé entre les mains d'un chef autant de puissance explosive que de nos jours. Ce n'est plus la prospérité économique que les États se proposent pour fin, mais la plus grande autorité politique possible.

C'est pourquoi longtemps on nous dissimula notre vraie situation.

Notre attention fut souvent attirée sur l'économique. Nul n'ignore l'importance de ce facteur dans la vie des hommes. Mais vouloir de l'extérieur créer « une classe moyenne » (c'est-à-dire des « Glaoui ») n'est pas véritablement favoriser l'essor économique de nos pays. Il serait naïf d'ailleurs d'attendre d'un pays colonisateur qu'il enrichisse le pays dont il tire son enrichissement.

D'autres ont mis l'accent sur la question sociale. En effet, la « mission civilisatrice » de l'Occident s'est trouvé une justification dans notre « barbarie ». Anthropophagie, polygamie, guerres intestines, etc., ont longtemps donné à l'Occident le prétexte de se dire indispensable au niveau de toutes nos initiatives. L'assimilation a abusé la bonne foi généreuse des peuples d'Europe. Ni sur le plan économique, elle n'est possible, ni sur le plan social, elle n'est admissible. L'assimilation ne pourrait être prise en considération que si l'Occident était venu à bout de ses propres maux : alcoolisme, prostitution, misère, mœurs concentrationnaires, etc. Hélas! les hommes ne sont pas meilleurs d'un pays à l'autre.

Même sur le plan religieux (alors que les missionnaires naguère estimaient que notre maturité était subordonnée au succès total de

Source : *Présence Africaine*, n° 13, pp. 3-5.

l'évangélisation) il nous apparaît chaque jour davantage que l'échec de l'évangélisation se mesure à l'absence à peu près complète d'œuvres et d'institutions originales inspirées du christianisme et traduites, exprimées dans le dynamisme de nos cultures.

***

C'est qu'il n'y a de solution à nos problèmes qu'à travers le politique. Le politique occupe dans la vie de l'homme une place d'autant plus importante que la puissance, grâce à la technique, s'accumule à une vitesse dangereuse entre les mains des privilégiés. Le grave ce n'est pas la bombe atomique, ni les ressources croissantes d'une police et d'une propagande machiavéliques. Le grave c'est l'usage que l'on peut faire de ces techniques. D'où l'importance de la souveraineté politique. Le politique est la dimension de notre existence la plus explosive, celle qui nous expose à la plus grande fragilité physique et morale. Mais aussi la plus riche de conscience et de culture.

L'idéal des jeunes étudiants est donc légitimement de conquérir le pouvoir.

***

On comprend qu'ils nous aient demandé de leur parler de ces responsabilités.

Celles-ci doivent se définir à partir des vertus de solidarité, de lucidité et d'engagement.

Solidarité d'abord. Si pour régner, la colonisation a divisé, le sens de notre solidarité n'est plus équivoque. On ne nous accusera pas de racisme. Il est normal que les Africains, comme tous les peuples, se réclament de confessions, de philosophies, d'idéologies politiques différentes, mais il est légitime que dans les périodes de crise où le salut commun est gravement menacé, ils se groupent et fondent leur solidarité sur la communauté de situation, de culture, de civilisation. Naguère, en France sous l'occupation, la Résistance se constituait à partir de catholiques et de francs-maçons, de communistes et de De Gaulle, de socialistes et de conservateurs. L'ennemi commun était l'adversaire de leur commune souveraineté politique. Que les étudiants restent donc fidèles chacun à ses convictions, mais bâtissent cette solidarité sans laquelle le sort de leurs communautés en Afrique leur échappera toujours.

Solidarité ne signifie pas uniformité. La seconde vertu nécessaire est de lucidité active. Nous devons tous nous informer très largement sur la vie, les intentions, les œuvres, les événements du monde. Ils nous concernent autant qu'ils concernent les autres. Et davantage peut-être. Connaissons aussi nos pays. L'Afrique de l'uranium et des danses, l'Afrique du pétrole et des mythes cosmogoniques, l'Afrique des missions et de l'industrialisation, nous devons savoir l'étreindre de toute la fougue de notre amour, et insérer dans le complexe de sa situation réelle le dynamisme de notre vocation et de notre talent personnels. Nous avons tous notre spécialité, notre talent particulier, notre foi, notre personnalité. L'Afrique véritable n'est pas autre chose que cette diversité dans la solidarité. Notre devoir de lucidité veut cependant que la plus haute et la plus jalouse conscience de cette Afrique soit nôtre, non celle de l'étranger. Un défi à la jeunesse? Il n'est pas de défi qu'aux heures historiques les jeunes ne sachent relever et honorer.

Assumons notre diversité mais non dans une fade tolérance qui est synonyme de mort. Le désaccord est nécessaire à toute société qui veut survivre. Respecter l'opinion d'autrui, ce n'est pas l'ignorer, c'est l'éprouver chaque jour au feu de notre propre foi, et recevoir d'elle en éprouvant nos propres convictions à son contact. Les étudiants sont encore certes en deçà de la vraie vie civique. Ils n'en doivent pas moins s'engager (et c'est la troisième vertu nécessaire). Ce n'est pas un crime, mais un devoir de s'affirmer différents par l'expression (en face des événements, des œuvres et des hommes) de nos profondes raisons de vivre. Que les étudiants s'expriment donc, et s'engagent dans et par leur mode d'expression, dans leur travail et comportement quotidiens.

Solidarité vivante, lucidité vigilante et jalouse, engagement dans le respect d'autrui : telles nous paraissent être les vertus qui définiront les responsabilités spécifiques que chaque étudiant se reconnaîtra selon sa discipline, son talent et sa situation.

Futurs ingénieurs et poètes, juristes ou peintres, savants, historiens et théologiens ou médecins, votre responsabilité, en ce milieu du XXe siècle, est sans exagération la plus grave. Vous devez encadrer les peuples jusqu'ici les plus déshérités, mais les plus riches de vertus universalisantes pour le monde. Tout comme dans la civilisation occidentale, la classe ouvrière est la plus capable de valeurs universelles parce qu'issue de la plus grande misère, de même les peuples de Bandoeng ont vocation de sauver le monde de la stérile pauvreté d'imagination et de cœur de ceux qui le dirigent — de briser l'étroitesse inhumaine d'institutions mondiales devenues inopérantes — et de renouveler la substance et les lois de la culture et de la civilisation humaines.

Présence Africaine vous invite à instaurer dans ses pages un débat sur le rôle des jeunesses africaines dans la vie de leur pays et du monde.

PRÉSENCE AFRICAINE.

KWAME N'KRUMAH
UN PILOTE

****

En Juillet 1954, il y a 18 ans, le signataire de ces lignes encore étudiant, écrivait dans TAM-TAM un article sous ce même titre, et qui s'achevait ainsi : "Dès lors, même si N'KRUMAH disparait demain, même si d'aventure il dévie de sa ligne actuelle, il est déjà entré dans l'histoire comme un manieur d'hommes et un libérateur ; car il a contribué plus que tout autre à semer au coeur de ses compatriotes une graine qui ne meurt pas. Il leur a fait goûter l'âpre et inoubliable saveur de ce fruit vert qu'est la liberté."

Aujourd'hui que N'KRUMAH a rendu sa grande âme à Dieu, il est bon de se remémorer ces temps héroïques où le premier dans l'Afrique Noire devenue le Paradis des Colons, il frayait la voie de l'indépendance.

Un parti politique, une grève générale, une marche non violente vers la Résidence des Autorités, le passage sans transition de la geôle au pouvoir : banalités qu'on peut ramasser à la pelle dans les avenues de l'Histoire ? Oui, mais ici, le maître d'oeuvre avait nom : KWAME N'KRUMAH.

C'était un homme du cru : "native son". Il a pourtant vécu 13 ans hors d'Afrique, Treize longues années dont, dix aux Etats-Unis. Mais cette patiente et obscure préparation a laissé intacte son authenticité et ne l'a pas coupé du peuple. Familier du veston, il l'était surtout du "kente" traditionnel dont l'austère ajustement laisse l'épaule droite libre. Dès son retour au pays en 1947, il est sensibilisé aux aspirations et aux besoins de ses compatriotes. Il s'établit aussitôt entre lui et la masse cette espèce de merveilleuse connivence, qui associe le maestro et son orchestre. Nkrumah avait beaucoup appris en Amérique, mais il n'avait rien oublié de l'Afrique. Quelques contacts avec le peuple, en tant que Secrétaire Général de l'U.G.C.C. (Congrès Uni de la Côte de l'Or) lui donnèrent la conviction que l'heure avait sonné de canaliser cette énergie diffuse, par quelques mots d'ordre simples mais bien choisis, et de lui fournir un levier d'action par la mise sur pied d'un parti politique minutieusement organisé. Tel le forgeron qui, à une certaine coloration du fer dans le brasier, devine que c'est le moment de frapper et que cette barre rigide est prête à épouser la forme voulue par l'artisan. Le peuple de son côté ne s'y est pas trompé. Entre DANQUAH, l'avocat raffiné, aristocrate de naissance, qui songeait à une révolution par une minorité agissante et NKRUMAH, qui d'emblée, s'était tourné vers les syndicats et vers la jeunesse, le peuple eut tôt fait de choisir.

L'homme, il est vrai, ne manque pas de séduction. Sourire affable, extrême simplicité de contact. Nkrumah vit sous le signe de l'austérité. Cette connaissance intuitive du milieu et ces qualités de sympathie expliquent que certains observateurs aient parlé de "magnétisme " pour décrire sa force de rayonnement et d'attraction.

Mais Nkrumah est aussi un révolutionnaire de tempérament. Organisateur expérimenté, il "monte" en l'espace de quelques mois cette machine efficace d'action politique que fut le C.P.P. ; avec ses coéquipiers, il sut inventer les trouvailles qui faisaient choc, donnant par exemple un nom à chaque voiture de propagande.

.../...

Stratège politique aussi et tacticien de génie comme en fait foi l'histoire de la révolution de Ghana. Considérant le "répit" comme un moment essentiel dans la dialectique du progrès ; reculant rarement s'arrêtant à des étapes (qui après coup semblent préméditées) pour r récupérer, réorganiser ses forces avant de mieux porter le coup suivant, avant de "tordre plus avant la queue du lion" britannique. Les "silences" ne font-ils pas partie de la musique ? C'est ainsi qu'après avoir été plébiscité par les élections, lors de sa sortie triomphale de prison, il se garda de prendre vis-à-vis des Britanniques une attitude raide et intransigeante : il accepta de former le gouvernement, dans le cadre d'une constitution non agréée par le peuple puisqu'elle ne comportait pas le self-gouvernement immédiat. Mais par là, il faisait la preuve "qu'il ne laisserait aucune pierre sans la retourner dans son effort pour rencontrer le gouvernement britannique à mi-chemin". Il n'eut pas de peine à expliquer au peuple pourquoi le C.P.P. passait de la "désobéissance civile" à une "coopération stratégique". Même tactique lors de l'arrêt de la grève générale. Ainsi, le leader révolutionnaire se révélait un véritable homme d'Etat, doué d'une géniale intuition du possible.

Mais l'aspect le plus attachant de cette personnalité, celui qui a scellé le plus profondément sa popularité dans le coeur de l'homme de la rue, c'est sa droiture, son honnêteté, sa sincérité sans fard ni pose : son humanité. Il le prouva le jour où, resté seul après l'arrestation de ses coéquipiers du comité exécutif, il décida d'aller se constituer prisonnier : "De cette façon, les gens savaient que c'était de mon propre gré, et cela ne risquait pas de déclancher le pire dans le pays. D'ailleurs, puisque tout mon Comité était arrêté, je préférais les rejoindre".

Il le prouva davantage encore, au jour historique du 1er Août 1949, quand les leaders de l'U.G.C.C., jaloux de l'influence grandissante de Nkrumah, lui demandèrent de dissoudre son jeune parti politique et de rester secrétaire général de l'U.G.C.C. A les en croire, un parti politique ne se justifierait qu'après la conquête de l'autonomie (Home Rule). Des chefs traditionnels, mandés comme arbitres, se prononcèrent dans le même sens. Après quelques séances houleuses dans la grande salle du Congrès, Nkrumah renonça à son parti et accepta de rester secrétaire général de l'U.G.C.C. à condition qu'on lui adjoigne un Comité Exécutif renouvelé. Refus du Président National furieux d'une telle proposition. Alors Nkrumah remit solennellement sa démission de Secrétaire Général et se retira de la salle. Aussitôt, les jeunes, les délégués et non-délégués se levèrent et, laissant seul l'état-major de l'U.G.C.C. suivirent Nkrumah sur le perron et se massèrent tous autour de lui. Voici en quels termes Mr AMPAH raconte cet épisode mémorable dans son histoire de la Révolution de GHANA intitulé : "Les larmes de Kwame Nkrumah" : le Docteur Nkrumah monta sur un banc. Il avait la mine consternée d'un veuf et l'apparence d'un voyageur harassé. Ses vêtements étaient salis par les mains des milliers de gens avides de le voir : "Je viens, dit-il, de remettre ma lettre de démission au Président National de l'U.G.C.C. Je fais appel à votre appui à tous pour me permettre de continuer la lutte pour l'autonomie. Absolument rien ne peut stopper la marche en avant de Ghana vers l'auto-détermination, et sous ma conduite, je suis certain que l'autonomie sera un jour une réalité. A condition que j'aie la coopération entière et inflexible de tous, je suis prêt, s'il le faut, à mourir pour que mon pays, grâce à Dieu, puisse vivre libre de l'exploitation étrangère, de la servitude politique et de l'oppression sociale". A ce moment, le Dr Nkrumah versa des larmes. L'ambiance devint aussitôt lugubre et d'autres personnes, en particulier des femmes, se mirent à pleurer

.../...

aussi. Les délégués et tout le peuple assemblé là jurèrent fidélité au grand leader africain et firent le serment de lutter sans relâche sous sa conduite jusqu'à l'autonomie complète".

Assurément Nkrumah ne fut jamais si grand, qu'à ce moment où, excédé par la tension nerveuse nécessaire pour conduire la révolution, il se heurtait à l'obstruction d'un petit nombre, bénéficiait par contre du soutien de tout un peuple dévoué mais sans armes, et, prenant conscience de cette consécration populaire, n'en profita pas pour jouer au grand homme, mais traduisit tout simplement, en homme, par de vraies larmes brûlantes, l'angoisse d'un destin collectif encore douteux et dont il était alors l'incarnation. Spectacle peu commun dans l'Histoire, en vérité. Oui, ces larmes du révolutionnaire africain ont cimenté plus fortement que le sang, le serment réciproque d'un peuple et de son chef.

Dès le départ les idées maîtresses de Nkrumah sont les suivantes :

- <u>Non - violence</u> d'abord : "Action positive sans violence" tel est le slogan qui fut claironné partout par les militants du C.P.P. au plus fort de la révolution. C'est avec ses mains nues que ce peuple a conquis sa liberté, ce qui a permis de comparer le leader africain à GANDHI. Mais par la suite il soutiendra activement la lutte armée des Africains dans les colonies portugaises et en Afrique du Sud.

- <u>Action à la base</u>. Dès le début, les brigades du C.P.P. appliquent leur propagande à la cellule de base paysanne et ouvrière. Nkrumah est loin d'être un revolutionnaire de style bourgeois obnubilé par l'aspect juridique des choses. Il compte beaucoup plus sur l'organisation du peuple pour changer la Constitution que sur l'aménagement de la Constitution pour changer la situation du peuple.

- <u>Indépendance idéologique</u>. Nkrumah n'est inféodé à aucun système. Pour certains reporters, tout ce qui bouge est communiste ou le sera. Ainsi Mr CARTIER, sans doute pour discréditer le leader africain auprès des pays occidentaux, le présente comme communisant et anti-blanc. Nkrumah a plusieurs fois fait justice de ces perfides insinuations. A Mlle GERARD il déclarait : "Je ne suis pas communiste. Mais j'observe avec intérêt les choses bien qui se font en U.R.S.S. J'admire Marx, Engels, Lénine, mais pas Staline. J'éprouve la plus grande méfiance pour le stalinisme." Il ne veut pas plus d'une emprise stalinienne future que de l'emprise colonialiste présente. Il souhaite l'orientation vers un régime socialiste original, adapté à la réalité africaine. Allant plus loin, et, sans doute pour rassurer les coopérateurs occidentaux éventuels, il a pris des mesures pour interdire certains postes aux communistes.

- <u>Géopolitique Africaine</u>. "L'Afrique aux Africains. Qu'a de nouveau ce concept ?"demande Nkrumah. Il considère son entreprise comme une expérience-pilote et va jusqu'à dire ; "L'Indépendance de la Gold Coast n'a de sens que si l'Afrique entière doit être libérée. - Une providence semble être à l'oeuvre. Je ne tiens pas à remuer l'Histoire ; il m'arriverait de réveiller de tristes souvenirs". Puis,après avoir rappelé la traite des esclaves, il évoque le morcellement de l'Afrique: "Chaque couleur représente le drapeau d'humiliation sous lequel nous, fils et filles de l'Afrique, peinons depuis des centenaires. Et on appelle çà la carte de l'Afrique !"

.../...

NKRUMAH a été à la fois un grand homme d'action et de pensée. C'est ce qui donne à sa personnalité ce calibre d'exception, cette dimension hors série qui ne manquera pas de se révéler désormais de plus en plus. En effet, seule la médiocrité est consacrée et comme scellée par la mort. Au contraire, un grand homme loin d'être diminué par sa mort corporelle, voit sa stature s'élever encore. Il entre alors dans la cohorte des ombres augustes qui, au fil des générations hantent les esprits, réchauffent les coeurs et inspirent les âmes.

NKRUMAH a été un homme de coeur, autant que de pensée et d'action. C'est son coeur qui l'a souvent entraîné à la pointe du combat africain jusqu'à la témérité. Marié à la cause africaine, il en a été l'époux farouchement jaloux. On lui reproche d'avoir été un visionnaire.

En particulier lorsqu'au berceau de l'O.U.A. en 1963 à Addis Abéba, il préconisa comme solution décisive contre l'arriération de l'Afrique, la constitution d'un gouvernement continental. Perspective utopique, s'écrient certains. L'est-elle davantage que ne l'était l'idée de l'Europe au sortir de la Seconde Guerre Mondiale ?

En fait l'utopie d'aujourd'hui est souvent la réalité de demain. Et elle contribue à créer cette réalité ; car la vision est un "mythe moteur" , un idéal mobilisateur dressé à l'horizon comme une cime difficile mais accessible et qui fouette les efforts et galvanise les énergies.

On lui a reproché aussi d'avoir sacrifié la prospérité économique et l'organisation politique intérieures du Ghana à ses rêves panafricains. Effectivement, dans le modeste bureau présidentiel de NKRUMAH, il y avait derrière son siège une carte de l'Afrique. Et il avait à peine parlé quelques minutes avec son interlocuteur, qu'il se levait aussitôt, saisissait sa canne, et comme un professeur impatient d'inculquer sa science, comme un prophète dont le message brûlant doit être sans cesse proclamé, il parcourait cette carte et caressait le corps de cette Afrique qu'il aimait comme on aime une femme.

"Qu'on dise : il osa trop. Mais l'audace était belle" NKRUMAH a compris à fond les problèmes fondamentaux de l'Afrique, et avec une détermination héroïque, il s'est voué à leur solution. Il a compris par exemple que sans l'industrie lourde, la prétendue indépendance octroyée du bout des lèvres n'est trop souvent qu'une sinistre mascarade déguisant le colonialisme avec les livrées de théâtre ou de cirque du néocolonialisme qui ne trompent pas même les acteurs intéressés de cette comédie.

C'est pourquoi NKRUMAH a vu si grand pour le barrage et l'hydrocentrale d'AKOSSOMBO qui aujourd'hui pourrait fournir l'énergie suffisante au développement économique de plusieurs pays africains.

.../...

Aujourd'hui qu'il est couché immobile et sans voix, après tant d'études de labeurs, et de combats, l'Afrique est un peu plus seule que de son vivant. Le continent le plus pauvre est devenu plus pauvre encore depuis la mort de NKRUMAH.

La GOLD COAST est devenue le premier pays indépendant d'Afrique Noire, grâce à NKRUMAH qui est ainsi le père de l'indépendance africaine. C'est le géant qui a redressé le cours du destin de l'Afrique, tordu et déformé par quatre siècles de traite des Noirs et de Colonisation. Quatre siècles qui ont laissé dans l'âme de nombreux Africains, et jusque dans leur attitude devant autrui et dans leur comportement physique, les stigmates de la servitude. Mais s'il a fallu de l'énergie pour organiser et imposer le système colonial, il faudra une énergie plus grande encore pour dégager le continent africain des entraves qui inhibent son élan. Les géants comme RHODES, STANLEY, LYAUTEY, FAIDHERBE et autres qui ont malaxé et pétri l'Afrique à leur manière, ne seront vraiment remplacés que si l'Afrique engendre des fils dignes d'elle, des anti-géants capables de remodeler le visage bien-aimé de leur mère, et de recoudre son beau pagne déchiré. KWAME NKRUMAH a été l'un de ceux-là.

Il lègue à l'Afrique un magnifique héritage où étincellent les pierres précieuses de la lucidité, du courage, de l'honneur et de la dignité.

Parce qu'il s'est identifié à quelques idées motrices de l'essor africain, parce qu'il est devenu l'indépendance, la libération et l'unité africaine, KWAME NKRUMAH n'est pas mort ; puisque ces idées là sont celles d'aujourd'hui et de demain, et qu'elles ne sauraient mourir.

Sur la tombe du champion impérissable elles refleuriront sans fin en fleurs rouges et éclatantes.
Rouges comme la terre ardente de notre continent,
Rouges comme le sang fier et rebelle de nos héros,

Rouges comme la Révolution.

J.KI-ZERBO

Source : *L'Eclair*, n° 31, avril 1972

ALLOCUTION DU SECRETAIRE GENERAL DU M.L.N.

J. KI-ZERBO

Camarades jeunes militantes et jeunes militants, Camarades sympathisantes et sympathisants, Camarades qui, aujourd'hui n'êtes pas encore du M.L.N. mais qui, c'est notre espoir, le serez bientôt, je vous apporte au nom du B.P.N., au nom des milliers de fervents militants, au nom des centaines de milliers de membres du M.L.N., notre salut chaleureux, fraternel et militant.

Je remercie et félicite vivement les vaillants camarades de la section des jeunes M.L.N. de Ouagadougou qui ont organisé cette rencontre pour que nous nous connaissions mieux en vue de mieux travailler ensemble. Les camarades ont même commandé la pluie hier, la première pluie de l'année pour rafraîchir l'atmosphère.

Mais d'abord, tournons s'il vous plait nos esprits vers nos Camarades qui nous ont quitté ; eux dont les sacrifices, le dévouement et l'abnégation jusqu'eu dernier souffle ont préparé et permis la rencontre mémorable d'aujourd'hui. Vaillants camarades arrêtés dans leur carrière militante par une mort prématurée et souvent cruelle. Je pense à DICKO Ahmadou, un homme d'une étoffe que Dieu fait rarement, fondateur du M.L.N. Je pense aux DERA et TAHITA de Zoghona, à BOLY Gani, à OUOBA Hamidou, à KOANDA, à SIBIRI, à TOE et à tant d'autres qui étaient meilleurs que nous mêmes.

Leves-vous et ensemble, pensons un peu à eux.

Camarades, il y a longtemps que le M.L.N. attend ce jour comme un jeune homme attend sa fiancée.

Il y a 12 ans que notre parti attend ce rendez vous presque amoureux avec la jeunesse voltaïque. Il y a si longtemps que nous avons trop de choses à nous dire. Le temps est limité et cette première entrevue sera la plus précieuse.

- D'où vient le M.L.N. ?
- Qu'est-ce qu'il compte faire sur le plan général ?
- Qu'est-ce qu'il compte faire avec et pour les jeunes en particulier ?

C'est cela que le voudrais vous exposer brièvement.

D'OÙ VIENT LE M.L.N. ?

C'était en 1957. Beaucoup de patriotes africains sentaient que le statut d'autonomie cotroyé par la loi cadre n'était qu'une étape à franchir au plus tôt. Seule l'indépendance devait donner aux africains la clé de leur propre destin.

../...

Le Parti Africain de l'Indépendance (P.A.I.), parti communiste, devenu depuis d'obédience maoïste s'était constitué en 1957 pour lutter dans ce sens. Mais, la majorité des jeunes intellectuels patriotes n'étaient pas d'accord pour l'option communiste.

C'est pourquoi, en Août 1958, des étudiants et ouvriers africains décidèrent de créer le Mouvement de Libération Nationale (M.L.N.) sur des bases fondamentalement africaines dans un cadre panafricain. Elu Secrétaire Général de ce mouvement interafricain celui qui vous parle reçut alors des milliers de lettres d'adhésion venant du Sénégal, du Soudan, de la Haute-Volta, du Togo, du Dahomey, de la Côte-d'Ivoire, du Congo, du Tchad, du Gabon, du Cameroun et le M.L.N. fit campagne pour le non au Référendum de 1958 qui proposait la Communauté franco-africaine. Mais, l'éclatement en territoires semi-indépendants puis indépendants en 1960, devait disloquer prématurément le M.L.N. en groupes nationaux qui n'avaient pas eu le temps en deux ans, de se structurer de façon homogène. Trois sections furent néanmoins organisées : celles du Sénégal, du Dahomey et de la Haute-Volta. Assez vite, les deux premières se rallièrent à titre individuel ou collectif aux partis dominants du Sénégal et du Dahomey. Seule la section voltaïque entreprit de s'organiser pour survivre, pour vivre, pour faire vivre.

Dans la seconde phase (1960 - 66) le M.L.N. devient un parti national. Le régime politique d'alors était dirigé par l'U.D.V.-R.D.A. qui s'opposait à la formation légale de tout autre parti politique. Ce régime était caractérisé par l'anti-démocratie, l'incompétence, la gabegie, la démission devant les charges de l'Etat, le pillage effréné des deniers publics par une minorité de parvenus.

Un proverbe africain dit : "Mieux vaut plier les doigts plutôt que de les laisser couper." Les dioula disent : "Sâ dogolé n dé bi kè sâ kogo yé" c'est à force de se cacher que le serpent arrive à maturité. Et les Samo : "Zô ne n'douri a mi ton n'tan" c'est à force de se cacher que le lézard arrive à avoir la tête rouge (à grandir).
Le M.L.N. a donc replié ses doigts et a adopté la méthode de l'action clandestine sur le terrain.

A défaut de propagande ouverte dans les brousses, le travail a consisté essentiellement à faire la propagande de bouche à oreille, à organiser des groupes pour la formation des cadres, à susciter et orchestrer des manifestations à des points et des moments privilégiés (lancements de tracts, conférences, manifestations syndicales etc). Les dirigeants du M.L.N., après avoir été invités à devenir ministres, offre finalement refusée, furent publiquement menacés d'être fusillés, et furent l'objet de brimades multiples, d'opérations policières etc... Le M.L.N dans la lutte, maintenait ses structures et tenait chaque année en plein Ouagadougou un Congrès clandestin. Il s'imposait à un point tel que lors de la campagne électorale présidentielle de 1965, seul le M.L.N. a été attaqué par l'ex-président, comme parti d'opposition. Et ces attaques furent applaudies par ceux là mêmes qui, aujourd'hui, veulent charger l'ex-président de tous les péchés de l'ancien Régime : c'est pourquoi, lorsque le mécontentement populaire éclata dans les manifestations syndicales de fin 1965, le M.L.N. y joua naturellement un rôle de premier plan.

Et c'est la troisième phase de la vie du parti : de 1966 à aujourd'hui, l'audience du M.L.N. s'élargit considérablement au lendemain du 3 janvier 1966. Le parti fut déclaré légalement reconnu et vint prendre place à côté de l'U.D.V.-R.D.A., du P.R.A., et du G.A.P. comme un des quatres partis voltaïques.

Le M.L.N. proposa aussitôt aux autres formations, l'Union Nationale pour le redressement du pays. Cette option fut rejetée. Elle ne s'exprimera timidement par la suite que par une profession de foi commune des partis politiques qui demeurera lettre morte.

.../...

Par contre, dans la période d'activités politiques ouverte par le Gouvernement Militaire en 1966, des dirigeants M.L.N. échappèrent le 18 Septembre à Koudougou à un attentat préparé par des adversaires appartenant à l'U.D.V.-R.D.A.. Les activités politiques furent suspendues peu après. Elles ne devaient être autorisées de nouveau que le 20 Novembre 1966. Le mot d'ordre de "liaison avec les masses" fut alors repris avec plus de vigueur encore transformant le M.L.N. de parti de cadres en grand parti de masse ;

II AUJOURD'HUI QUE COMPTE FAIRE LE M.L.N. ?

Disons tout d'abord que c'est le prochain Congrés du M.L.N. qui donnera au parti un programme et une structure conformes à sa nouvelle composition. Mais, de toute façon, même avec un corps grossi au centuple le M.L.N. ne saurait renoncer à son esprit, à l'idéal qui a fait sa raison d'être.

Le programme restera donc fidèle aux grandes lignes que je vais vous exposer maintenant. Mais auparavant, il nous faut refuter les bobards les calomnies, les rumeurs plus ou moins perfides qui sont répandues par le commando du mensonge.

Ces gens là prétendent que les dirigeants M.L.N. sont communistes ; alors que notre création même a été faite sur la base de l'option non communiste ; alors que nous nous rencontrons avec nos propagateurs de mensonge les vendredis et les dimanches à la mosquée et à l'église. Or rien ne démontre que ces gens là soient plus croyants que nous. Les hommes de tous partis peuvent fréquenter la même mosquée ou la même église. De même, des hommes de toutes religions peuvent se trouver dans le même parti ; quand vous êtes entré ici, on n'a demandé à personne quelle était sa religion. Sinon la maison du peuple devrait être à la fois une mosquée, une église et un bois sacré c'est-à-dire une vraie tour de Babel. Il ne faut donc pas confondre politique et religion. Les dirigeants M.L.N. peuvent-ils faire raser les mosquées et les églises dans lesquelles ils se rendent eux-mêmes chaque semaine ? Je prétends au contraire que ceux qui ne croient pas en Dieu, ce sont ceux qui mentent effrontément en sachant qu'ils mentent car le mensonge est défendu par toutes les religions. Ceux qui ne croient pas en Dieu, ce sont ceux qui n'hésitent pas à attenter à la vie de leur prochain pour un siège de député car l'homicide est défendu par toutes les religions. Certains, devant l'essor irrésistible du M.L.N aujourd'hui feignent de ne pas comprendre. Ils cherchent les causes de cet élan à l'extérieur. Ils regardent à l'Est. Le M.L.N. n'est ni à l'Est, ni à l'Ouest. Il est en Haute-Volta. Si nos détracteurs n'étaient pas myopes politiquement, ils comprendraient pourquoi tant de jeunes se tournent vers le M.L.N. . Ils sauraient que ce mouvement n'est télécommandé par aucune main rouge, jaune ou blanche. C'est une source politique nouvelle jaillie du tréfonds intime de notre terroir et qui devient un grand fleuve ; or une source, on ne l'étouffe pas en posant un caillou dessus. Une source, on ne peut ni l'éteindre, ni l'assassiner.

D'autres activistes de l'escadron du mensonge prétendent que le M.L.N. veut faire un socialisme comme le Mali. Les mêmes hommes confondent d'ailleurs socialisme et communisme alors que ce n'est pas la même chose. Quand Senghor, Tsiranana, Bourguiba, Jomo Kenyatta, etc... parlent de socialisme, nos détracteurs ne bronchent pas. Le malheur, c'est que le cas du Mali présenté comme épouvantail pour écarter les Voltaïques du M.L.N. est très mal choisi, puisque le parti qui a décidé et appliqué le socialisme au Mali est justement un parti R.D.A. ! Sur la place d'armes, le 10 Septembre 1966 nous avons eu l'occasion de souligner que le Mali c'est le Mali, un pays indépendant libre de ses options. Il en va de même pour la Haute-Volta dont le peuple souverain doit choisir sa voie. Nous avons précisé que par exemple la création d'une monnaie nationale pour un pays pauvre, sans grand potentiel démographique et économique comme la Haute-Volta serait une grave aberration.

.../...

Il n'y a nulle part dans le monde, y compris en Afrique,
un modèle que la Haute-Volta doive recopier. Il paraît aussi que le
M. .N. se préparerait à partager tous les biens : greniers, voitures,
ma sons, y compris les femmes. Même les enfants seraient enlevés à la
fa ille sans que le père puisse même les voir, et donnés à je ne sais
qu. Ceux qui propagent ces fausses nouvelles, ces marchands de la peur
pr nnent vraiment les voltaïques pour des bestiaux sans entendement)
Si un paysan produit deux greniers cette année et qu'on lui en extorque
un pour le partage, l'an prochain, produira t-il même un seul grenier ?
Bien sûr que non ! Il attendra aussi que l'on partage le bien d'autrui
pour avoir sa part. Et comme tous les producteurs feront le même raison-
nement, il n'y aura plus rien à partager. Quant au partage des femmes,
j'aime autant vous dire qu'il y a beaucoup de polygames au M.L.N. ; et
s ils s'y trouvent très bien, c'est qu'ils n'ont rien vu ni dans les
statuts ni ailleurs qui puisse faire penser aux abominations jaillies de
l imagination dévergondée de propagandistes aux abois. Dépossédor quel-
qu'un du fruit de son travail, ce n'est ni du partage, ni du socialisme
d'ailleurs c'est tout simplement du vol.

En fait qui sont les vrais partageux ? ce sont ceux qui (et
ils étaient assez nombreux dans l'ancien Régime) ceux qui ont puisé dans
le Bien commun, le Budget National, pour la satisfaction de leurs besoins
personnels et ceux de leurs parents et amis. On a même vu un jour, un
essaim de dames de l'U.D.V.-R.D.A. entrer au marché de Ouagadougou et
prélever directement des marchandises dans les étalages des commerçants,
comme participations forcées à une loterie organisée par le parti
aucun responsable de l'U.D.V.-R.D.A. n'a élevé la moindre protestation
contre ce forfait a fortiori démissionné de son poste de député, de mi-
nistre ou d'ambassadeur.

Il paraît enfin que le M.L.N. est contre les chefs. Or,
les dirigeants du M.L.N. ont dit et redit que le parti n'est ni contre
les chefs, ni contre la chefferie coutumière ; que nous respectons comme
une structure de notre passé national. Bien sûr, aujourd'hui, la Haute-
Volta est une république démocratique ; ce qui signifie que la chefferie
ne saurait exister comme en 1900 ou en 1930. Mais justement un bon chef
parce qu'il est plus écouté peut par son travail adapter plus facilement
sa région aux impératifs du monde moderne.

Le principe " Tout travail mérite salaire" doit s'appli-
quer à lui comme aux autres citoyens. Mais, de même que ce sont ceux qui,
hier ont bafoué les marabouts qui leur susurrent aujourd'hui que le
M.L.N. va détruire les mosquées, de même ce sont ceux qui, hier ont troupé
les chefs dans la boue qui aujourd'hui agitent à leurs oreilles les gre-
lots de l'épouvante en criant : "gare au M.L.N.. Nous pourrions répondre
comme l'agneau de la fable : "Comment l'aurai-je fait si je n'étais pas
né ?"

Mais heureusement, nous savons que beaucoup de chefs n'ont
pas la mémoire courte. Par ailleurs, beaucoup de militants M.L.N. fils ou
frèresde chefs sont bien placés pour expliquer la position du parti à
leurs parents.

Mais venons-en à quelques idées maîtresses du programme
M.L.N. qui seront développées et concrétisées dans le programme à soumet-
tre au Congrès.

C'est la démocratie solidaire et permanente. Il y a un
peuple voltaïque dont les dirigeants ne sont que la tête. La tête peut
elle survivre quand elle se sépare du corps ? De même les dirigeants
doivent perdre ipso facto leur qualité de dirigeants dès qu'ils se sépa-
rent du peuple.

.../...

Cela signifie que l'opinion de la masse doit être la base de l'action publique et que cette opinion doit être recueillie en permanence par un dialogue constant entre les responsables à tous les niveaux et les masses. La démocratie était un slogan fétiche mais creux pour le régime U.D.V.-R.D.A. Elle était foulée aux pieds même au sein du parti, à fortiori à l'extérieur. Tel Ministre membre du Bureau politique apprenait par son chauffeur qu'il n'était plus Ministre ou qu'il avait changé de porte-feuille. La démocratie que nous prônons n'est pas celle des "campagnes" seulement où les mouches politiques pullulent autour du gâteau électoral. On se rue sur le client-électeur. On lui promet la lune alors qu'on n'a pas de cosmonaute et quand le tour est joué, on se retire dans son fromage et on le laisse gros-jean comme devant : c'est la politique des maquignons. Démocratie de l'huile et de l'eau.

Le M.L.N. a démontré en luttant politiquement pendant douze ans sans se présenter aux élections et sans briguer aucun poste, qu'il est apte à cette cohabitation permanente avec la masse. Mais il s'agirait d'institutionnaliser et de rendre physiquement effective une telle cohabitation. Démocratie solidaire et permanente signifie aussi l'éducation permanente de tous par tous ; la popularisation de l'instruction chaque fois que possible dans les langues africaines. Si l'école en français peut être encore offerte à tous, du moins ne doit-elle pas être un flot séparé qui prépare des mandarins, mais un foyer de promotion collective. Démocratie solidaire et permanente signifie aussi anti-féodaliste car nous ne sommes plus au Moyen-âge.

Seconde idée importante c'est l'UNITE, UNITE NATIONALE d'abord ; à ce titre, nous nous prononçons contre le tribalisme et le régionalisme rétrogrades utilisés par certains politiciens pour se tailler des chasses gardées à bon marché. Les mariages, les échanges sociaux-économiques et culturels ont uni les différents peuples voltaïques depuis des siècles. Les autochtones donnent des terres à ceux qui viennent d'ailleurs. Par ailleurs, l'Instituteur lobi enseigne aux petits peul de Dori, l'Infirmier peul soigne des malades bobo ; la sage-femme bobo accouche des mamans mossi ; l'agent d'agriculture mossi assiste des paysans samo ; le mécanicien samo répare des véhicules de commerçants dioula ; le chauffeur dioula transporte des voyageurs de toute tribu. Dans tous ces cas, on ne demande pas d'abord : de quelle tribu es-tu ? La cohabitation est bonne entre les peuples. Mais ce sont des politiciens véreux qui vendent du tribalisme pour vivre. Or, sur cette mauvaise voie, il n'y a pas de limite car dans la même tribu, les tribalistes se disputent entre régions et dans la même région ils se heurtent entre castes et autres catégories. Il faut en finir avec cet esprit rétrograde car le tribalisme diminue l'homme et appauvrit la nation. Les Régionalistes sont les fossoyeurs de la Nation.

Néanmoins le M.L.N. estime que les fils de chaque région à condition qu'ils soient eux-mêmes résolument anti-régionalistes, sont les mieux placés pour liquider l'attitude tribaliste ou régionaliste.

Quant à l'UNITE POLITIQUE, le M.L.N. l'a prénonisé parce que dans un pays sous-développé comme le nôtre, toutes les forces doivent être conjuguées pour mieux vivre. Toutes les énergies doivent être marquées d'un signe positif. Un proverbe africain dit :"avec deux mains, on ramasse mieux la farine". La multiplication des partis et la division qui en résulte entraîne dans un pays pauvre criblé de problèmes, l'instabilité, l'anarchie mère de la dictature et propice à l'immixtion extérieure.

Enfin, tout militant M.L.N. est un amoureux et un combattant de l'UNITE AFRICAINE. En effet, seule celle-ci peut garantir l'indépendance de nos Etats dont certains sont moins peuplés qu'une

..../....

ville moyenne d'Europe et moins riches qu'un gros industriel ou un grand magasin nord américain. Seul un marché assez vaste justifie et rentabilise les infrastructures, les équipements et les formations de personnels très coûteux exigés par l'économie moderne. Certes, l'économie de nos pays restera longtemps encore basée sur l'agriculture et l'élevage. Mais, avec les pays voisins ; la Haute-Volta peut jeter les bases d'une industrie lourde sans laquelle l'Afrique restera un continent marginal, un partenaire mineur et folklorique. Pour le M.L.N. le cadre idéal de l'Unité, c'est le continent. Mais la réalisation d'une telle Unité appartient à un avenir difficile à supputer. Du moins l'O.U.A. doit-elle être énergiquement soutenue comme le cadre juridique qu'il s'agit peu à peu de meubler et d'animer. Pour le moment le M.L.N. opte pour les unions régionales les plus larges possibles. Encore que ce qui compte avant tout ici, c'est non pas la quantité mais la qualité de l'Union qui pour bien faire devrait comporter une dimension politique ; les unions économiques sont une amorce intéressante à condition qu'elles soient réalisées par un marché commun régional. Sinon, l'Union économique risque de marquer des relations inégalitaires de type colonial entre pays africains favorisés et défavorisés. De même, l'Union ou l'Unité Africaine doivent être l'affaire non seulement des dirigeants mais aussi et surtout des peuples et de leurs organisations. Sinon, elle devient le prétexte des rendez-vous princiers et des toasts au champagne d'un club de chefs d'Etat.

Le M.L.N. opte aussi pour la justice sociale. Une des injustices les plus criantes est le partage inégal de la richesse entre les Etats riches et les pays prolétaires. Dans les poubelles des pays riches il y a assez de restes pour assurer la survie de millions de bébés qui meurent pourtant faute du minimum vital en lait et en vitamines. Seul un front uni des pauvres et d'abord des Etats Africains peut briser cette loi d'airain de la paupérisation croissante du Tiers Monde qui s'exprime par exemple par la détérioration des termes de l'échange. A savoir que les pays pauvres achètent de plus en plus cher les produits manufacturés vendus par les pays riches, et vendent de moins en moins cher aux pays riches leurs propres produits primaires.

Mais l'injustice sociale à l'intérieur des pays pauvres risque d'être plus révoltante encore. Sous l'ancien Régime, l'indemnité journalière de voyage pour un ministre était de 10 000 francs CFA soit le gain annuel d'une famille de paysans. Pendant que certains avaient de l'eau courante et pure pour arroser leurs fleurs ou raffraîchir leur terrasse, d'autres pour se désaltérer, allaient chercher une eau saumâtre et boueuse à 10 ou 15 kilomètres. Pendant que certains pouvaient soigner la moindre migraine, d'autres ne disposaient pas de quoi payer l'essence de la voiture sanitaire pour évacuer un parent dans le coma. Une telle situation ne peut que créer une société explosive où une minorité de nantis s'engraissent par l'exploitation de la majorité.

La justice sociale que nous voulons, c'est la démocratie économique. Celle-ci exige que la majorité ne doive pas sa survie ; son mieux être et son plus être aux bons sentiments et à l'aumône des nantis, mais à l'aménagement organique de la société afin que la liberté et la dignité de toutes les catégories sociales soient assurées. Seulement ainsi le progrès général sera garanti. Toute l'économie doit être organisée et planifiée dans ce sens.

Lorsqu'on demande pourquoi le Mouvement de Libération Nationale maintient son nom même après l'indépendance nous répondons que la libération est loin d'être accomplie pour tous. La grande majorité est encore prisonnière de la peur, de la soif, de la faim, de l'analphabétisme, de la maladie c'est-à-dire de la mort prématurée de l'obscurantisme, de l'aliénation culturelle etc...

Le M.L.N. est pour l'Indépendance Nationale et la Coopération Internationale. L'aide extérieure que des pays amis comme la France, et d'autres pays de l'Ouest ou de l'Est nous accordent est très précieuse

.../...

et indispensable. Nous leur en sommes reconnaissants. Mais cette aide doit avant tout nous aider à nous aider nous-mêmes. Elle doit nous aider à nous passer de l'aide le plus tôt possible. Elle doit s'insérer dans le plan national élaboré par nous-mêmes. Elle doit se solder par un accroissement réel de la richesse nationale. Elle doit impliquer la formation de techniciens africains pour prendre la relève avec compétence et le plus tôt possible. Le M.L.N. est donc pour la coopération internationale bien comprise, mais contre le néo-colonialisme.

Il est encore plus contre l'impérialisme d'où qu'il vienne. En particulier il est partisan d'une lutte farouche par tous les moyens pour la libération totale du continent africain de l'oppression sanglante pratiquée par les régimes racistes de Rhodésie, du Portugal et d'Afrique du Sud. Mais l'impérialisme existe ailleurs aussi sous de nombreux visages : empiètements territoriaux, guerres d'extermination contre les peuples faibles, soutien à des régimes fantoches exécuteurs des basses oeuvres des grandes puissances, marionnettes à la solde de l'étranger, exploitation culturelle, coups d'Etat préfabriqués contre les régimes nationalistes ou progressistes dans les pays pauvres. Sabotages ou étouffement économique des régimes non dociles aux ordres des pays maîtres.

III QUE VEUT LE M.L.N. POUR LES JEUNES ?

D'abord il faut dire que ce n'est pas la faute des jeunes si notre pays accuse aujourd'hui un retard si marqué puisque ce sont les voltaïques et surtout les jeunes qui ont fait la prospérité des pays qui nous entourent, en faisant les routes les ponts les ports, les barrages, les chemins de fer, les usines, les plantations. Le Voltaïque est un travailleur d'élite. D'ailleurs dans tous les autres secteurs nos compatriotes se signalent. Nos anciens combattants le savent bien ; eux qui ont porté leur poitrine et leur bravoure sur tous les fronts du monde ; le voltaïque est un combattant, un soldat d'élite. Le voltaïque est aussi un étudiant, un intellectuel d'élite. Donc si notre pays est en retard, c'est que le moteur était médiocre, la locomotive était avariée, la direction de l'U.D.V.-R.D.A. (du moins depuis 1958) a été mauvaise.

Aujourd'hui certains politiciens U.D.V.-R.D.A. mal inspirés comme d'habitude, pensent se moquer du M.L.N. et mépriser notre parti en disant que c'est le parti des enfants et des jeunes. Pour nous, c'est au contraire un sujet de fierté. Même les animaux considèrent leurs petits. Même la vache considère son veau. A fortiori dans une famille humaine quoi de plus précieux que les enfants ? Nous avons donc la part la plus précieuse de la société voltaïque ; c'est-à-dire finalement toute la société puisque ces jeunes ont des grands frères et grandes soeurs, des pères et des mères, des oncles et des tantes, et plus tard des fils et des filles qui seront eux aussi tôt ou tard associés. Je plains le parti qui n'a pas de jeunes car c'est un arbre sans feuilles tendres, sans bourgeons, sans fleurs et sans fruits. La Jeunesse, c'est la force même de la Nature, ça pousse de façon irrésistible. C'est là le secret de la poussée du M.L.N. Vouloir s'opposer à la jeunesse c'est en somme tenter d'arrêter un fleuve avec ses bras.

Le M.L.N. a parié sur la jeunesse comme il a parié sur les femmes parce que c'est là le dynamisme et la force vitale même du pays. D'abord, les jeunes sont les plus nombreux. Les statistiques du Plan nous apprennent que les voltaïques de 15 ans constituent 42 % de la population du pays. De 0 à 25 ans, c'est-à-dire toute la jeunesse c'est 58 % de la population. Soit une bonne majorité. Tandis que de 40 à 90 ans et plus, il y a seulement 20 % de la population. Un parti qui se dit démocratique peut-il négliger, a fortiori mépriser la majorité de la population ? Certains le font sans doute parce que beaucoup de jeunes ne votent pas et donc sont électoralement sans intérêt.

En tout cas, s'il y a beaucoup de jeunes au M.L.N. cela signifie que le M.L.N. est comme la Haute-Volta, que notre parti est l'image et la représentation vivante du pays. .../...

Nous avons parié sur la jeunesse aussi parce que la jeunesse a joué un rôle décisif le 3 janvier 1966. Ceux qui étaient là ce jour là (car il y en a qui n'y étaient pas) se rappellent que même nos petits cireurs de chaussures ont joué leur rôle historique. Et je me rappelle toujours le 3 janvier vers midi et demi ce petit élève qui s'avançant vers moi me dit : "Monsieur le Professeur nous, nous allons partir maintenant parce que nous sommes du premier service". Je lui répondis que je ne pouvais pas l'en empêcher mais qu'à mon avis le premier service, le service prioritaire ce jour là, c'était le service national. En fait, ce qui se prépare aujourd'hui y compris la constitution intéresse au moins autant les jeunes que les vieux. Enfin, le M.L.N. a misé sur la jeunesse parce que celle-ci contient la plupart des techniciens qui peuvent introduire notre pays dans la voie nécessaire du monde moderne.

Ce disant, le M.L.N. se refuse au culte des intellectuels. Il paraît que notre parti s'il arrivait au pouvoir n'accepterait comme fonctionnaire que les titulaires de la licence. Mensonge grossier ! Il y a des licenciés ou plus qui ne font et qui ne peuvent pas faire grand chose pour leur pays car ils ont la science sans la conscience. Il y a aussi des illettrés qui sont d'authentiques élites, des leaders qui occupent et occuperont dans le parti la place qu'ils méritent. Nous ne sommes donc pas contre les vieux. Il paraît que le M.L.N. est prêt à faire tuer tous ceux qui ont plus de 50 ans comme si nous-mêmes nous n'y arriverions pas un jour, comme si nous n'avions pas déjà des parents qui tomberaient sous le coup de cette loi. Moi qui vous parle, je suis aussi un adulte et même un adulte avancé. Il y en a de beaucoup plus âgés que moi dans le M.L.N. et dont les bénédictions et les encouragements nous réchauffent le coeur. Certains peuvent être les grands pères de ceux qui disent qu'il n'y a pas de vieux au M.L.N. En fait les bons vieux sont au M.L.N. parce qu'ils se souviennent de leur propre jeunesse et parce qu'ils pensent à l'avenir porté par leurs enfants et petits enfants.

Dans l'ancien régime U.D.V.-R.D.A. la jeunesse était simplement utilisée et exploitée pour les défilés, les parades, les réceptions. La jeunesse était bêtifiée et néantisée. Mais on ne l'associait pas vraiment au pouvoir parce qu'on en avait peur, parce qu'elle bouscule. Ce que le M.L.N. attend de la jeunesse, ce sont certaines choses simples mais capitales. D'abord que la jeunesse prenne conscience, qu'elle prenne en mains son propre destin, qu'elle ne s'en remette pas inconditionnellement aux dirigeants , pas même aux dirigeants du M.L.N. c'est pourquoi la jeunesse est, et sera de plus en plus solidairement et égalitairement associée à la direction du parti. Nous demandons aux jeunes de s'engager pour s'organiser et pour agir. Pour cela il faut s'instruire, car, tout s'apprend ; c'est par une théorie et une pratique conséquentes qu'on devient un cadre solide; car un cadre qui n'est pas plus solide que ce qui est encadré ne mérite pas le nom de cadre. Un responsable qui ne répond de rien ni de personne ne mérite pas le nom de responsable. Déjà le M.L.N. est fier d'avoir lancé dans le pays une nouvelle génération d'hommes politiques compétents et dévoués. Des cours de formation systématique seront organisés par le parti pour les jeunes. Mais d'ores et déjà, chaque jeune qui aspire à être un leader doit, non pas s'isoler, mais cohabiter avec la masse des jeunes comme un homme avec sa femme.

Bien sûr il y a pour les jeunes la grande et grave question du travail ou plutôt du chômage. Le travail des voltaïques à l'extérieur doit-être valorisé. Mais comme vous le constatez chaque jour, il y aura de moins en moins de travail à l'extérieur. Il faut donc nous organiser sur place. Le M.L.N. estime que ce problème national de portée interafricaine et internationale mérite la tenue de grandes assises Nationales. Déjà quelques idées ont été exprimées dans le journal l'Eclair. D'autres idées suivront. Mais qu'on ne s'imagine pas que le M.L.N. va faire de la démagogie avec les jeunes. Nous ne les flatterons pas. Nous ne leur ferons pas de fausses promesses.

Nous ne leur dirons pas que demain on rasera gratis, que chacun trouvera
une place rémunérée au sortir du berceau, que le lenga sera plus gros
que la marchandise achetée. La seule promesse que nous leur faisons,
c'est de travailler avec eux. C'est d'être fidèles nous-mêmes à notre
idéal. Et cette promesse là contient toutes les autres. Par contre,
nous demandons, aux jeunes de respecter les vieux à qui ils peuvent
apprendre des choses, mais qui peuvent aussi leur en apprendre beau-
coup. Car beaucoup de choses très importantes ne se trouvent pas dans
les livres. Et le livre le plus grand et le plus riche, c'est encore
le livre de la vie. Les vieux détiennent aussi cette part précieuse de
notre moi collectif qui est située en avant de nous-mêmes et qui est
notre Histoire. Nous demandons aux jeunes de dépasser l'esprit infan-
tile qui exige tout et tout de suite qui se complait dans la critique
négative et stérile. Il y a un processus pour tout. Il faut des étapes
méthodiquement enchaînées le plus grand des voyages commence par un
pas, dit-on : l'essentiel c'est que les rails soient bien orientés au
départ par le programme.

Enfin, nous demandons aux jeunes de bien connaître leur
milieu naturel et social. Il ne faut pas qu'ils fuient leur milieu
pour se réfugier dans je ne sais quel paradis artificiel ; car alors
ils passeraient leur temps à faire des plans pour un pays qui n'existe
que dans leurs rêves, enfant chéri d'une imagination délirante. Jeunes,
il faut construire ; jurons de construire ensemble !

En conclusion que dirai-je ?
Certains prétendent que le M.L.N. n'est pas représentatif.
Il est vrai que ceux-là ne viennent pas aux rencontres du M.L.N. dans
les brousses comme dans la capitale. Il est vrai aussi que même si
nous réunissions tout le pays sur la place d'armes, ces gens là trou-
veraient toujours que nous ne sommes pas représentatifs. Et en effet,
nous ne sommes pas représentatifs d'une certaine Haute-Volta dont ils
rêvent et que nous devons les empêcher de réaliser. Mais chaque jour
qui passe augmentera désormais la représentativité du M.L.N. D'autres
disent aussi qu'ils nous voient le couteau entre les dents en train
d'égorger à la ronde. Je crains que ces gens là ne soient des peureux
imaginaires. Sincèrement, nous a t-on vu égratigner quelqu'un ? Nous
sommes pour la non violence, sauf en cas de légitime défense. Le poi-
gnard ne peut ni tuer une idée, ni à fortiori créer une idée. Nous
n'avons pas peur ; car le temps de la peur est passé. Mais nous ne
voulons pas faire peur non plus. C'est pourquoi d'ailleurs nous avons
choisi comme symbole non pas la force brute et animale, mais la poi-
gnée de main que vous voyez gravée ici dans la peau par un jeune ar-
tiste M.L.N.. Nous sommes pour la solidarité créatrice entre les fils
d'Adam la poignée de mains, c'est l'amitié qui est plus précieuse et
plus durable que l'argent ou la peur des campagnes électorales. Nous
n'avons même pas de haine pour la personne de nos adversaires politi-
ques. Par contre ce que nous réprouvons et haïssons résolument et
contre quoi nous lutterons sans cesse et avec acharnement, ce sont
certains de leurs méfaits : l'immobilisme, le conservatisme, l'obscu-
rantisme, le tribalisme, le régionalisme, l'égoïsme, l'injustice so-
ciale.

Jeunes, travaillons pour détacher, pour libérer le peuple
voltaïque ligoté par tant de maux. Pour lâcher le peuple non pas com-
me une bête contre une autre bête, mais comme un agent, un forgeron
éclairé de son propre destin.

Camarades jeunes, rythmons la marche du peuple réveillé
avec des chants nouveaux !
Le M.L.N. lance une fois de plus un appel à l'Union poli-
tique à laquelle le parti travaille toujours activement comme l'indique
notre symbole, nous avons la main tendue. Mais je lance surtout un
appel au militantisme des camarades pour qu'ils élèvent leur dévouement
à la hauteur de nos tâches historiques.

.../...

Tout lenteur, toute paresse, tout laisser aller est une faille par laquel le f nit l'énergie nationale. Nous lançons enfin un appel à tous les patrio es de ce pays. Il y a eu déjà trop de temps perdu ; liguons-nous pour que demain soit meilleur qu'aujourd'hui et qu'hier. Pour que la Volta que ous lèguerons à nos fils et petits-fils soit plus riche, plus belle plus harmonieuse, plus juste.

Camarades, je crois que le Mariage du M.L.N. et de la Haute-Volt sera un mariage d'amour indissoluble. Cela dépend de chacun de nous. Il f ut pour cela qu'on parle encore plus du M.L.N. dans le pays, qu'on en p rle sur terre, sur l'eau et si possible même sous terre et dans les airs. Dans l'espoir que les Voltaïques abandonneront désormais la piste de l'éléphant U.D.V.-R.D.A. pour suivre la route fraternelle des hommes qui conduit à la Terre des hommes, au village où flambe le feu de l'amitié.

Pour la renaissance voltaïque
Pour l'unité et la solidarité nationale et interafricaine
Pour la justice sociale
Pour la coopération internationale et l'amitié entre les peuples

C r i e z avec moi : V I V E le M. L. N.

SALUT CAMARADES !

J. KI ZERBO

Source : *L'Eclair*, n° 3, 1er-15 mai 1970.

TRAVERSEZ LA RIVIERE EN MASSE ET VOUS N'AUREZ RIEN A CRAINDRE DU CROCODILE. (Proverbe Africain)

L'ÉCLAIR

ORGANE BIMENSUEL DU MOUVEMENT DE LIBERATION NATIONALE

M.L.N.

B.P. 606 OUAGADOUGOU HAUTE-VOLTA

Deuxième anniversaire de l'Eclair : le Combat continue

UNITE - SOLIDARITE - PROGRES - JUSTICE SOCIALE

N° 30 – Du 1er au 31 Mars 1972

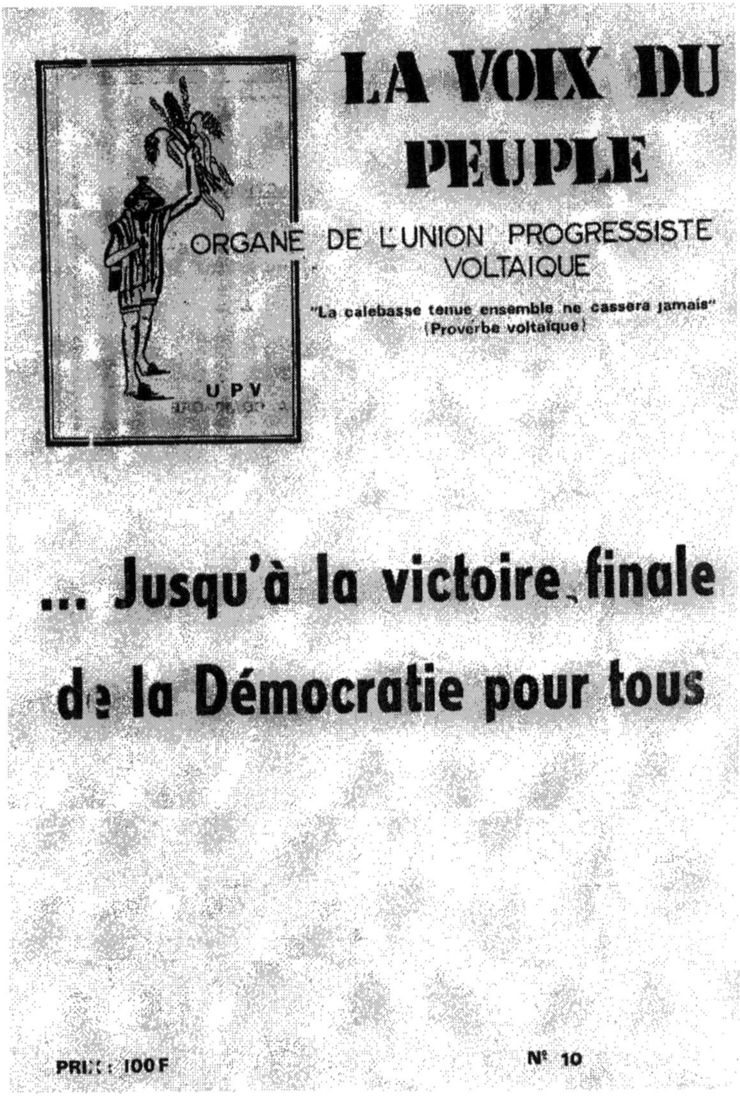

LA VOIX DU PEUPLE

ORGANE DE L'UNION PROGRESSISTE VOLTAIQUE

"La calebasse tenue ensemble ne cassera jamais"
(Proverbe voltaïque)

UPV

... Jusqu'à la victoire finale de la Démocratie pour tous

PRIX : 100 F

N° 10

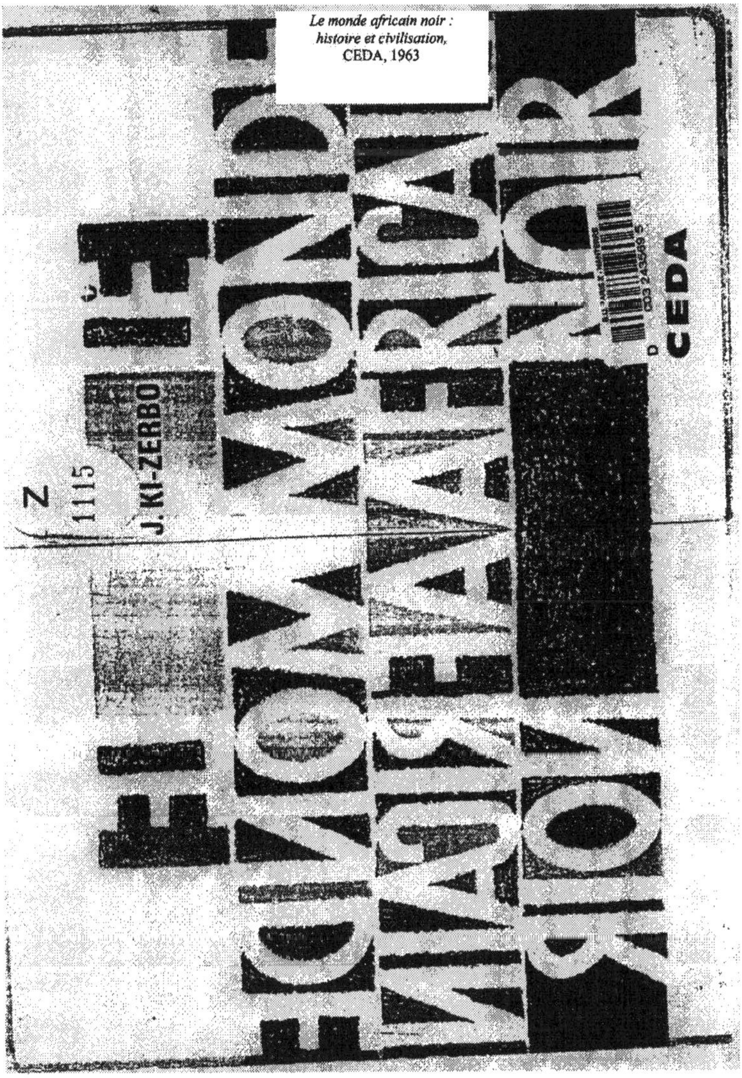

Le monde africain noir : histoire et civilisation, CEDA, 1963

Préface

J'ai connu, voilà presque vingt ans, Joseph Ki-Zerbo, l'auteur de ce livre, au moment où il subissait avec brio les épreuves de l'agrégation d'histoire. Ces liens anciens d'amitié me valent d'écrire aujourd'hui quelques lignes au seuil d'un livre vigoureux, original, où il a tenté de saisir dans son immensité et son obscurité obstinée le passé multiple, décevant, inorganisé et sans fin à recréer de l'Afrique Noire.

C'est là bien plus qu'un ouvrage d'histoire fait de patience et de loyauté attentive. C'est un livre d'espérance, porté à bout de bras. J'aime à penser que l'histoire récompensera l'historien, qu'il aura donné, d'un coup, à un continent entier, à une énorme masse d'hommes sympathiques, le message, les mots d'identité qui leur permettront de mieux vivre - car pour espérer, pour aller de l'avant, il faut savoir aussi d'où l'on vient.

L'histoire c'est l'homme, toujours l'homme, et ses admirables efforts. L'histoire du continent africain, si elle est sincère et droite, ne peut que déboucher sur tous les hommes à la fois, sur tous les peuples à la fois, sur le monde entier. J'admire que l'auteur ait dépassé, avec courage et obstination, l'histoire des récits traditionnels, tout en faisant à cette histoire-là une place honorable et claire; que, pour lui, la société, l'économie, la culture soient de grands sujets.

Ce livre rendra d'immenses services. Aux étudiants. Au grand public. Au monde si curieux et si sympathique des historiens : ceux-ci ont beaucoup à apprendre et l'apprendront avec plaisir de Joseph Ki-Zerbo, qui est, authentiquement, fraternellement, l'un des nôtres.

FERNAND BRAUDEL
Professeur au Collège de France.

Avant-propos

Ce livre, amorcé à Ouagadougou (Haute-Volta) en 1962 et achevé durant le festival panafricain d'Alger en 1969, est issu d'un rêve d'étudiant. Apprenti à la Sorbonne dans le « métier d'historien » et appliqué à explorer les fondements lointains et proches du monde d'aujourd'hui, j'étais frappé de la quasi-absence du continent africain, et singulièrement du monde noir, dans le message de nos guides spirituels et dans nos exercices universitaires laborieux et raffinés. Parfois, au beau milieu d'un cours sur les Mérovingiens, j'entrevoyais comme dans un mirage la savane soudanaise rôtie de soleil, avec la silhouette débonnaire d'un baobab pansu, hirsute et goguenard.. Et le projet muet et violent naquit, de retourner aux racines de l'Afrique. Mais, dit le proverbe : « Ce n'est pas avec les yeux qu'on tue le buffle. »

Les occupations professorales, sociales et culturelles multiples, les aléas de l'action sur l'histoire chaude d'aujourd'hui, ne m'ont pas souvent laissé de loisirs pour scruter sereinement les cendres froides du passé. Néanmoins, dès 1962, je demandai une disponibilité sans solde pour m'y consacrer. Le gouvernement voltaïque préféra me libérer pendant deux ans des tâches d'enseignement. Qu'il en soit vivement remercié. Mais, deux ans pour une entreprise visant à présenter dans un seul volume une synthèse provisoire de l'Histoire de l'Afrique depuis les origines jusqu'à nos jours, cela s'avéra bien maigre. Du moins de nombreux voyages sur les sites historiques africains, et dans les grandes bibliothèques et musées furent alors entrepris, grâce aussi à l'UNESCO à qui j'exprime ici toute ma gratitude.

Dans un périple qui était un pèlerinage passionnant et passionné, l'auteur recueillit l'Histoire à Tananarive, Zimbabwe, Dar-es-Salam, Zanzibar, Nairobi, Kampala, Khartoum, Addis Abeba, Kinshasa, Brazzaville, Yaoundé, Abomey, Lomé, Lagos, Ibadan, Kigali, Ifé, Oyo, Accra, Koumassi, Niamey, Bamako, Ségou, Dakar, Conakry, Abidjan, Le Caire, Paris, Bruxelles, Copenhague, Londres, etc. Plus de mille volumes ont été lus sans compter les articles de revues et de journaux. Mais plus l'auteur s'enfonçait dans ce magma énorme et bigarré des sources de l'Histoire africaine, et plus s'affirmait le désir alterné et contradictoire, soit d'abandonner et de signer forfait, soit d'engranger encore plus, afin de produire une œuvre plus valable. Chaque livre achevé creusait le sentiment du gouffre d'ignorance.

Or, seules les vacances scolaires permettaient de se replonger sérieusement dans le bain de la recherche. C'est pourquoi l'auteur a décidé à son grand regret d'omettre pour le moment l'étude systématique de la partie Nord de l'Afrique dont le passé lui était encore moins connu, afin de rendre possible la parution du volume dans un délai raisonnable. Mais, ce n'est que partie remise et, dans une édition ultérieure, cet ouvrage sera une Histoire Générale de l'Afrique englobant le secteur méditerranéen, dans une unité consacrée par tant de liens millénaires (parfois sanglants, il est vrai) mais le plus souvent mutuellement enrichissants, qui sont soulignés dans le présent ouvrage et qui font de l'Afrique, de part et d'autre de la charnière du Sahara, les deux battants d'une même porte, les deux faces d'une même médaille, les deux reflets d'une même pierre précieuse. Le continent « marginal » devenu aujourd'hui le corps de l'Organisation de l'Unité Africaine (O.U.A.) sera alors présenté dans son ensemble.

Ce livre a été écrit dans des conditions difficiles, dans la chaleur équatoriale comme dans les rigueurs de l'hiver nordique, en mer, sur terre, sous terre même (dans les grottes préhistoriques), dans des avions de tout calibre, dans des recoins obscurs de bibliothèque comme sous les palmiers fouettés par la lumière australe et par la brise océane parfumée d'épices, à Zanzibar. Tel qu'il se présente, il n'est que la caricature du rêve de l'étudiant. Davantage de temps aurait permis d'en faire un monument moins indigne du passé colossal de ce continent gigantesque. Avec la longueur des délais de rédaction, certaines choses ont peut-être été dépassées par des recherches analogues en cours, malgré les mises à jour périodiques effectuées par l'auteur. Tel spécialiste de telle période ou région sera sans doute déçu par le schématisme de tel chapitre. La bibliographie semblera parfois trop abondante, ou pas assez.

Tel qu'il est pourtant, cet ouvrage rendra, je l'espère, des services à tous ceux qui pensent que les racines africaines expliquent bien des choses dans les fleurs merveilleuses ou fanées, les fruits succulents ou amers de l'Afrique contemporaine. A tous ceux aussi qui croient que les Africains sont les mieux placés pour interpréter leur propre passé.

Il serait impossible d'énumérer les noms de toutes les personnes qui m'ont aidé de leurs conseils, de leurs encouragements, de leur assistance multiforme au cours de ces labeurs, de ces veilles, de ces déplacements à travers tant de pays. Qu'il s'agisse d'éminents professeurs, en particulier mon regretté maître A. Aymard, ou des cuisiniers qui dans un bungalow universitaire à Legon (Accra) ou Ibadan m'ont si attentivement soigné. Je pense aussi aux chauffeurs de taxis, aux guides des musées, aux directeurs de bibliothèques dont la gentillesse, contrastant avec l'austérité des lieux, ranima souvent la flamme dans le cœur et l'esprit du chercheur.

Qu'il soit permis au moins de citer ici, en plus de ma femme qui m'a encouragé et aidé, les professeurs Thomas Hodgkin, Devisse, Clérici, Person, R. Olivier, M. Colin Legum, M. Poussi, Bakary Coulibaly et d'autres collègues historiens et traditionalistes africains dont le nombre est grand.

Mes remerciements vont aussi à la famille Postel-Vinay pour sa chaleureuse hospitalité, aux familles Schliemann de Copenhague et Rodriguez, ainsi qu'à Mlle Imbs, professeur agrégée de géographie, pour l'aide si dévouée qu'elle m'a apportée dans l'établissement des cartes, sans oublier Mme Willhem, la vaillante dactylo qui, la première, a sorti ce texte de sa forme manuscrite.

Je remercie aussi d'avance les lectrices et lecteurs pour leur aimable attention et pour leurs critiques qui permettront de bonifier le contenu de cet ouvrage.

Celui-ci, imparfait et parfois approximatif, est lancé comme une bouteille à la mer, avec l'espoir que son message sera recueilli surtout par les jeunes et contribuera à dessiner en traits authentiques le visage si peu connu, si méconnu, de l'Afrique d'hier, fournissant ainsi les bases d'une plus saine approche et d'une plus farouche détermination pour bâtir celle de demain.

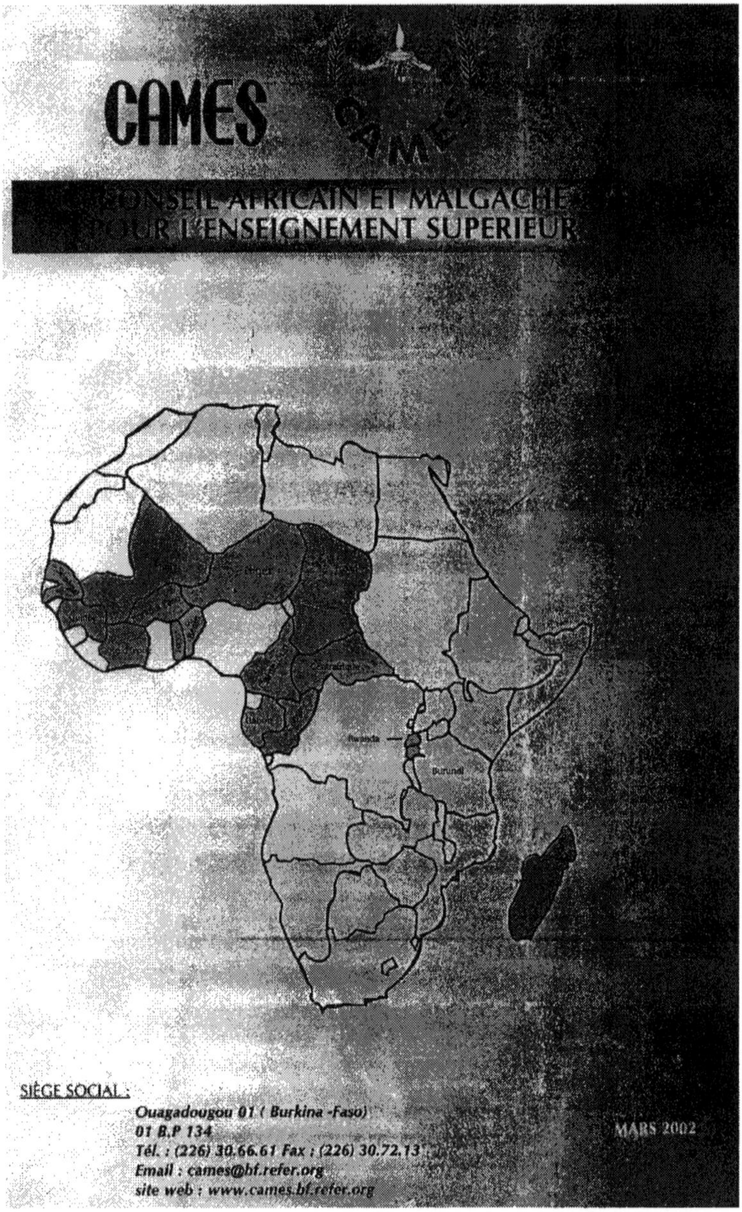
CAMES

CONSEIL AFRICAIN ET MALGACHE POUR L'ENSEIGNEMENT SUPERIEUR

SIÈGE SOCIAL :

Ouagadougou 01 (Burkina -Faso)
01 B.P 134
Tél. : (226) 30.66.61 Fax : (226) 30.72.13
Email : cames@bf.refer.org
site web : www.cames.bf.refer.org

MARS 2002

Historique

22 janvier 1968 à Niamey : Création du CAMES
26 avril 1972 à Lomé : Signature de la Convention relative aux Statuts
2 novembre 1981 à Ouagadougou : Signature de l'Accord de Siège
4-8 mars 1986 à Brazzaville : Adoption des Règlements Intérieur et Financier
10-14 avril 2000 à Antananarivo : Adoption des textes juridiques actualisés

Instances

Le Conseil des Ministres : C'est l'instance suprême du CAMES. Il regroupe tous les Ministres ayant en charge l'enseignement supérieur et/ou la recherche scientifique des pays membres. Il se réunit une fois l'an en session ordinaire et peut être convoqué en session extraordinaire.

Le Comité des Experts : Le comité des Experts prépare la session ministérielle.
Il est composé de deux Représentants par pays membre et d'un représentant par pays ami ou institution internationale membre. Il se réunit une fois l'an en session ordinaire et peut être convoqué en session extraordinaire.

Le Comité Consultatif Général (CCG) : Il supervise et contrôle l'application de l'Accord portant création et organisation des Comités Consultatifs Interafricains. Ses membres sont des Recteurs ou Présidents d'Universités et des Directeurs des Centres Nationaux de Recherche. Les organismes inter-Etats signataires de l'Accord y sont représentés par leur Directeur.

Le Secrétariat Général : Il est l'organe d'exécution du CAMES. Il est placé sous l'autorité d'un Secrétaire Général nommé par le Conseil des Ministres. Le Secrétaire Général est assisté par deux Directeurs de Programmes, de cadres mis à sa disposition par les pays membres et d'un personnel d'exécution.

Missions

1. Promouvoir et favoriser la compréhension et la solidarité entre les Etats membres ;

2. Instaurer une coopération culturelle et scientifique permanente entre les Etats membres ;

3. Rassembler et diffuser tous documents universitaires ou de recherche : statistiques, informations sur les examens, annuaires, annales, palmarès, informations sur les offres et demandes d'emploi de toutes origines ;

4. Préparer les projets de conventions entre les Etats concernés dans les domaines de l'Enseignement Supérieur, de la Recherche et contribuer à l'application de ces conventions ;

5. Concevoir et promouvoir la concertation en vue de coordonner les systèmes d'enseignement supérieur et de la recherche, afin d'harmoniser les programmes et les niveaux de recrutement dans les différents établissements d'enseignement supérieur et de recherche, favoriser la coopération entre les différentes institutions, ainsi que des échanges d'informations.

Programmes du CAMES

- **Reconnaissance et Equivalence des Diplômes**
- **Pharmacopée et Médecine Traditionnelles Africaines**
- **Comités Consultatifs Interafricains**
- **Concours d'Agrégation :**

- médecine humaine, pharmacie, odonto-stomatologie, médecine vétérinaire et productions animales
- sciences juridique, économique et de gestion

Projet Pilote

Centre d'Information et de Documentation du CAMES (CID CAMES)

OUAGADOUGOU 2 Novembre 1976

ASSEMBLEE NATIONALE
-=-=-=-=-=-=-=-=-=-=-

Madame,
Messieurs les Députés,

Après la cérémonie officielle et solennelle d'ouverture de notre seconde session parlementaire annuelle, et avant d'en entamer l'ordre du jour, je me dois de porter à votre connaissance une nouvelle très importante. Notre collègue et ami, le Professeur Joseph KI-ZERBO vient de présenter sa démission de Député de notre auguste Assemblée et ce, pour compter du 1er Novembre 1976.

C'est avec regret - un regret sincère et profond que j'ai enregistré cette démission car notre Institution va ainsi perdre un de ses membres éminents : éminent par sa propre personnalité, éminent par son rayonnement dans notre cher pays, dans l'Afrique toute entière,dans le monde en un mot.

Qui ne connaît en effet, à l'heure actuelle, le Professeur KI-ZERBO et la place qu'il occupe dans l'intelligentsia africaine, dont il est l'un des plus beaux fleurons ? Qui ne sait l'oeuvre immense d'historien érudit qu'il a accomplie, portant ainsi très haut le renom de son pays, notre Chère Volta ?

Il me plaît de rappeler cette oeuvre pour mieux rendre hommage à son auteur.

Mais en dépit de la peine réelle que j'éprouve en le voyant nous quitter, force n'est de me rendre, bien malgré moi, à ses raisons . Il arrive toujours dans la vie d'un homme, et surtout d'un citoyen actif tel que nous connaissons notre frère Joseph KI-ZERBO, un moment où il faut un choix, choix décisif et très souvent pénible. Il faut alors opter nettement, trancher dans le vif sans hésiter et sans peur aucune des réactions prévisibles de surprise, d'étonnement voire de moquerie pure de la part de ceux qui n'ont pas eu à "choisir" .

.../...

Pourtant, c'est encore en pensant à son pays que Joseph KI-ZERBO a opéré son choix. En oeuvrant au CAMES pour la formation la meilleure des fils de la Haute-Volta, des cadres de toute l'Afrique francophone, pour qu'éclatent aux yeux du monde les réelles valeurs intellectuelle et culturelle africaines, notre ami ne nous abandonne pas tout à fait. Il continue à servir fidèlement, comme il l'a toujours fait, et c'est cette constatation seule qui atténue mon regret - notre regret à tous, j'en suis sûr de ne plus de voir dans cet hémicycle en membre actif, mais tout de même avec l'espoir de l'y recevoir en visiteur, en ami .

Source : Archives de l'Assemblée Nationale du Burkina-Faso

LU POUR VOUS DANS JEUNE AFRIQUE

L'AFFAIRE KI-ZERBO.

-o-o-o-o-o-

Beaucoup de choses ont été dites sur notre Camarade Secrétaire Général National, KI-ZERBO, à propos du CAMES.

Face aux basses élucubrations des adversaires politiques, KI-ZERBO lui-même et le Parti ont préféré répondre par un silence de mépris.

Nous vous livrons ci-après dans ce numéro un large extrait d'un article de Mr SIRADIOU DIALLO de JEUNE AFRIQUE sur cette ""affaire"qui n'est qu'une " manoeuvre politico-politienne " de notre Gouvernement.

x x x
x x
x

Le pouvoir est si personnalisé en Afrique que toute institution s'y confond, plus qu'ailleurs, avec la personnalité qui la dirige. Témoin, l'affaire KI-ZERBO. L'éminent professeur Voltaïque qui dirige depuis dix-sept ans un discret mais vital organisme interafricain, le CAMES (Conseil Africain et Malgache pour l'Enseignement Supérieur), a fait les frais de cette conception du pouvoir.
Il a été limogé de son poste de Secrétaire Général sans explication ni indemnité par les ministres Francophones de l'Education réunis au mois d'Avril à

Depuis, le CAMES est sans direction.
Ses activités sont paralysées et son personnel (une douzaine de personnes en tout et pour tout) n'est pas payé. C'est l'existence même de cet organisme qui est en jeu.

De quoi s'agit-il ? Le CAMES, qui regroupe quinze Etats d'Afrique Francophone, réceptionne, étudie et note les travaux des maîtres de l'enseignement supérieur. Et leur décerne, le cas échéant, les diplômes correspondant à leurs aptitudes.
C'est en 1964 que le Pr Joseph KI-ZERBO, agrégé d'histoire de l'Université française, songea à créer cet organisme. Il le fit fonctionner de façon tout à fait bénévole jusqu'en 1967 où, sur proposition du Ministre Sénégalais de l'Education de l'époque, M. Ahmadou-Mathar M'Bow, actuel Directeur Général de l'UNESCO, une indemnité lui fut accordée. Plus tard, lorsqu'il fut élu député à l'Assemblée Nationale Voltaïque, le Pr KI-ZERBO cumula cette fonction avec

.../...

celle de Secrétaire Général du CAMES – sans solliciter aucun traitement spécial pour cette dernière activité.
Seulement, dans la Constitution Voltaïque adoptée fin 1977, le cumul est interdit. Si bien qu'élu député lors des législatives d'avril 1978 le Pr KI-ZERBO dut renoncer à son mandat pour continuer à diriger le CAMES. Et voilà qu'on l'en chasse comme un malpropre. Comme si on voulait l'humilier et le décourager à jamais de vouloir s'occuper de cette institution qu'il a créée de sa propre initiative, pour ne pas dire de ses propres mains.

....

....

A Paris, certains milieux de la coopération voyaient d'un mauvais oeil le projet et, surtout, les objectifs que le Pr KI-ZERBO assignait au CAMES. Celui-ci ne cachait pas que, pour lui, il était inadmissible que, vingt ans après l'accession de nos pays à l'indépendance, les Africains soient obligés de passer leur agrégation en France, que ce soit un pays étranger qui décide du nombre et des carrières des professeurs Africains. " Savez-vous, nous confiait-il il y a deux mois, que jusqu'en 1978 la liste d'aptitude des professeurs d'université d'Afrique Francophone était établie à Paris ".
C'est par lettre du ministre Français des Universités qu'un assistant Africain apprenait qu'il était inscrit ou non sur la liste d'aptitude. Et c'étaient des professeurs Français qui recevaient et jugeaient les travaux des professeurs Africains.

C'est seulement en 1978 que Joseph KI-ZERBO réussit à faire abroger cette pratique surannée. N'est-ce pas cette obstination, la lutte persévérante qu'il a menée contre un certain malthusianisme Français que l'éminent historien Voltaïque paie auhourd'hui ? Les attaques à peine voilées dont il fut l'objet à Kigali de la part de Mme Alice Saunier Seïte, ministre Français des Universités, en disent long à cet égard.

Toute la question est de savoir si, confondant une fois de plus homme et institution, les dirigeants Africains accepteront d'enterrer le CAMES. Et, en humiliant son fondateur, de s'humilier eux-mêmes tout en reculant de vingt ans.

Source : *La voix du peuple*, n° 21, mai-juin 1980.

Eduquer ou périr,
Abidjan, UNICEF, 1990

. PROGRAMME 1995 / 1996

- Coordination du réseau mondial "Alliance pour un Monde Responsable et Solidaire " en Afrique Sub-saharienne en collaboration avec la Fondation pour le Progrès de l'Homme (France, Suisse).

- Programme multisectoriel de recherche-action avec le soutien de l'UNESCO. Les domaines couverts par ce programme sont:

* *Les Industries culturelles en Afrique*
* *Genre et Développement*
* *Décentralisation et Environnement*

- Groupe de travail sur l'intégration africaine et les systèmes mutuellistes

---

Où NOUS TROUVER?

Le Centre se trouve en face de l'UCOBAM, près de l'avenue Kwamé N'krumah, dans la rue 5.07, N°1241
(Cf plan ci-dessous)

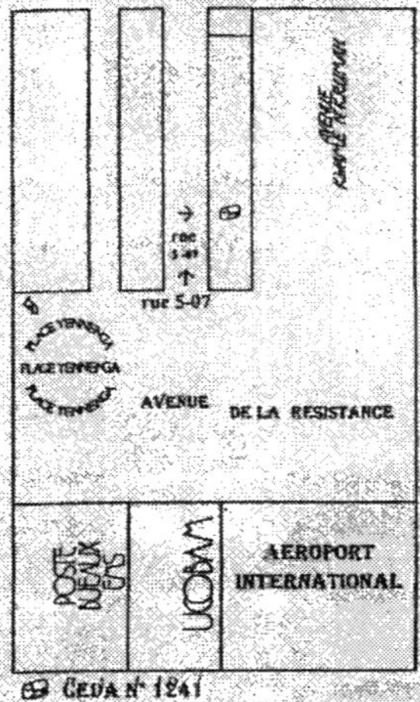

QUANDO?

Le directeur reçoit sur rendez-vous les mercredi après-midi.
L'espace-lecture est ouvert le jeudi de 7H à 12H30 et de 15H à 17H30, et le samedi matin de 7H30 à 12H

CEDA

CENTRE D'ETUDES POUR LE DEVELOPPEMENT AFRICAIN
« On ne développe pas, on se développe »

C. E. D. A.
CENTRE D'ETUDES POUR LE DEVELOPPEMENT AFRICAIN

01 BP 606 OUAGADOUGOU 01
Tél. : (226) 31 57 79 (bureau)
Fax : (226) 31 72 05 (domicile)
e-mail : flun@liptinfor.bf

QU'EST-CE QUE LE C.E.D.A?

Le Centre d'Etudes pour le Développement Africain (C.E.D.A.) est un centre panafricain d'études et de recherches opérationnelles sur le développement endogène en Afrique.
Il a été fondé en 1980 par le professeur Joseph KI-ZERBO, à Ouagadougou (BURKINA FASO), avec l'appui financier du Fonds international pour la Promotion de la culture de l'UNESCO, et le soutien actif d'une équipe pluridisciplinaire de chercheurs et d'hommes de culture.

POURQUOI LE C.E.D.A ?

" Dormir sur la natte des autres, c'est comme si on dormait par terre", affirme un proverbe africain. Aujourd'hui en Afrique, la dépendance, l'extraversion et l'aliénation s'aggravent. Les capacités culturelles ne sont pas suffisamment mobilisées pour inventer de nouvelles dynamiques d'émancipation sociale et économique, et elles s'érodent sous l'action conjuguée des défoliants culturels et recettes-miracles infusées à forte dose par les principaux acteurs du système international.
Le C.E.D.A. veut promouvoir une alternative à ce processus. Il veut forger une dynamique qui corresponde au génie des peuples africains eux-mêmes.

STRUCTURES

Le C.E.D.A est une organisation décentralisée dont voici l'organigramme :

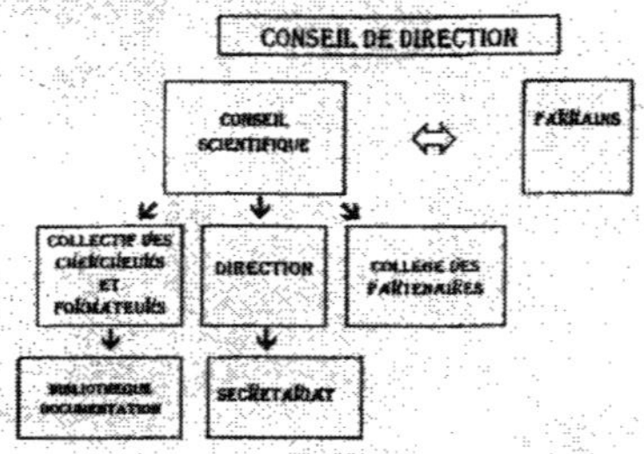

REALISATIONS

.1980: Séminaire sur la méthodologie et la problématique du développement endogène.

.1981: Colloque sur "Ethno-développement et Ethnocide en Afrique"

.1982: Enquête sur le terrain sur "Endogène et Exogène en Afrique".

.1986: le Professeur KI-ZERBO fonde à Dakar le Centre d'Etudes pour le Développement Endogène (C.&.D.E.), premier Centre homologue du C.E.D.A. en Afrique.

.1987: Enquête Endogène/Exogène à Sassal (Sénégal).

.1989 : Colloque interafricain à BAMAKO (Mali), sur le développement endogène.

Les actes, publiés sous le titre "la Natte des autres", en coédition ave le CODESRIA, et diffusés par les Editions Karthala, ont obtenu en 1993 le prix CEE à la Foire du Livre de DAKAR.

. 1992 : Le Pr. KI-ZERBO dirige l'anthologie des grands textes de l'Humanité sur les relations de l'homme avec la nature (Compagnons du Soleil, Ed. UNESCO, La Découverte, Fondation pour le Progrès de l'Homme).

LA RELANCE DU C.E.D.A

Depuis 1983, les activités du C.E.D.A. étaient suspendues au BURKINA FASO. Ses objectifs de relance à moyen-terme sont les suivants :
. mettre en place un espace lecture, constitué par une bibliothèque de lecture publique, d'étude et de recherche . Cela implique le renouvellement de notre fonds passé entre 1983 et maintenant de 11.000 ouvrages à 2.000 environ.
Cet Espace accueillera régulièrement des conférences-débats et publiera les Cahiers du C.E.D.A.. Il bénéficiera d'un financement de l'Ambassade royale des Pays Bas.
. amorcer des programmes de recherche opérationnelle sur le développement endogène et l'intégration africaine en matière d'environnement, d'industrialisation, de partenariat Hommes/ Femmes, de coopération scientifique, de communication, etc.
. S'ouvrir au monde de la communication et du spectacle.

La natte des autres : pour un développement endogène en Afrique
Dakar, COSDERIA, 1992

Pr. Joseph KI-ZERBO
01 B.P. 606 OUAGADOUGOU 01
Tél. : (226) 31-57-79
Fax : (226) 31-72-05
(BURKINA-FASO)

CURRICULUM VITAE

SOMMAIRE

- Né le 21 juin 1922 à TOMA (BURKINA-FASO).
- Fils de Alfred Diban KI-ZERBO et de Thérèse Folo KI.
- Enseignant dans des écoles primaires et secondaires (HAUTE-VOLTA).
- Journaliste à AFRIQUE NOUVELLE.
- 1949-1953 : Etudes d'Histoire à la SORBONNE.
- 1953-1955 : Diplôme de l'Institut d'Etudes Politiques de PARIS.
- 1956 : Agrégation d'Histoire (SORBONNE).
- 1950-1956 : Co-Fondateur et premier Président de l'Association des Etudiants de HAUTE-VOLTA en FRANCE.
- Co-Fondateur et premier Président de l'Association des Etudiants Catholiques, Africains, Antillais et Malgaches.
- 1956-1963 : Professeur à ORLEANS, PARIS, DAKAR, CONAKRY et OUAGADOUGOU.
- 1963-1967 : Directeur Général de l'Education, de la Jeunesse et des Sports de HAUTE-VOLTA.
- 1958-1966 - Allié politique de Patrice LUMUMBA et de KWAME N'KRUMAH
- 1968-1973 : Professeur à l'Université de OUAGADOUGOU.
- 1967-1979 : Secrétaire Général du Conseil Africain et Malgache pour l'Enseignement Supérieur (C.A.M.E.S.).
- 1983-1992 : Exilé politique à DAKAR (SENEGAL).

AUTRES POSITIONS ET FONCTIONS OFFICIELLES ET PRIVEES

- Docteur Honoris Causa de l'Université du GHANA (1964)
- Membre du Conseil Exécutif de l'UNESCO (années 1970)
- Membre du Conseil d'Administration de l'Institut des Nations-Unies pour la Formation et la Recherche(UNITAR) Années 1970-1978
- Vice-Président du Conseil International de la Philosophie et des Sciences Humaines (année 1980)
- Secrétaire Général d'organisations politiques :
  * Mouvement de Libération Nationale (M.L.N.)
  * Union Progressiste Voltaïque (U.P.V.)
  * Front Progressiste Voltaïque (F.P.V.)
- Président de l'Association des Historiens Africains (années 1970).
- Un des Vice-Présidents du Bureau du Conseil International pour la Rédaction de l'Histoire Générale de l'Afrique (UNESCO).
- Membre du Conseil de l'Université des Nations-Unies (TOKYO). (Années 1980).
- Chercheur à l'IFAN (Université CHEIKH ANTA DIOP DE DAKAR).
- Président du Centre de Recherches pour le Développement Endogène (C.R.D.E.) (1986-1992).
- Président du Centre d'Etudes pour le Développement Africain (C.E.D.A.) - OUAGADOUGOU 1980-83 et 1992...
- Président du Parti pour la Démocratie et le Progrès (P.D.P.) 1993.
- Député à l'Assemblée des Députés du Peuple (A.D.P.).
- Lauréat du Prix "RIGHT LIVELIHOOD AWARD" STOCKHOLM - PRIX NOBEL ALTERNATIF (1997).

ECRITS

1/ - Co-Fondateur de Revues : LE PETIT ECHO ; TAM-TAM ; L'ECLAIR LA VOIX DU PEUPLE.

2/ - Articles et contributions dans de nombreuses revues sur des thèmes économiques, sociaux, culturels, politiques, écologiques.

3/ - Livres :

1) - Le Monde Africain Noir ; CEDA-HATIER - 1964

2/ - Histoire de l'Afrique Noire, HATIER - 1972 et 1978.

3/ - Histoire Générale de l'Afrique : UNESCO - Directeur du Volume I - Directeur du Volume IV (Version abrégée)

4/ - Nombreux inédits (manuscrits)

5/ - Eduquer ou périr - UNESCO - UNICEF - HARMATTAN - 1990

6/ - La Natte des autres - Pour un développement endogène - CODESTRIA - C.R.D.E. - KARTHALA - 1991

7/ - Compagnons du Soleil - La Découverte - PARIS 1992.

8/ - Alfred Diban - Premier chrétien de HAUTE-VOLTA - Editions du CERF - PARIS - 1983.

COMMUNICATIONS PRODUITES PAR LE PROF. J. KI-ZERBO DEPUIS SON DEPART EN EXIL JUSQU'EN 1983 [2]

I - CULTURE (Huit textes). Voir annexe 1.

II - EDUCATION (Cinq textes). Voir annexe 2.

III - DEVELOPPEMENT (Vingt Cinq textes). Voir annexe 3.

IV - HISTOIRE (Dix Sept textes). Voir annexe 4.

V - DROITS HUMAINS (Six textes). Voir annexe 5.

VI - FEMMES (Deux textes). Voir annexe 6.

VII - UNITE AFRICAINE (Quatre textes). Voir annexe 7.

VIII - ENVIRONNEMENT (Cinq textes). Voir annexe 8.

IX - DEMOCRATIE (Sept textes). Voir annexe 9.

X - ETAT - POLITIQUE (Onze textes). Voir annexe 10.

XI - ETHIQUE - RELIGION (Deux textes). Voir annexe 11.

XII - RAPPORTS NORD-SUD (Cinq textes). Voir annexe 12.

I - Au total QUATRE VINGT SIX (86) textes, de 12 pages dactylographiées en moyenne chacun ; soit au total environ NEUF CENT CINQUANTE (950) pages dactylographiées.

II - LIVRES [3]

A) Personnels

1) Le Monde africain Noir 100 pages.

2) Histoire de l'Afrique Noire, HATIER PARIS 1978 - 730 pages. Traduit en 8 langues et vendu à 80.000 exemplaires.

3) Eduquer ou périr - 100 pages - UNESCO, UNICEF, l'HARMATTAN - PARIS 1993.

4) Alfred Diban, premier chrétien de Haute-Volta.

---

[2] 80 conférences, des cours universitaires et la Bibliothèque de 11.000 ouvrages environ ont disparu, confisqués et dilapidés durant l'exil.

[3] INDICATIONS BIOGRAPHIQUES SUR LES MEMBRES ACTUELS DU CONSEIL SCIENTIFIQUE DU C.E.D.A.

B) En collaboration (direction)

1) Manuels Scolaires d'Histoire.

2) Histoire de l'AFRIQUE (UNESCO) volume I - Méthodologie et Préhistoire (Directeur).

3) Compagnons du Soleil - La Découverte - PARIS - 1993 (Directeur).

4) La Natte des autres ou le Développement Endogène - KARTHALA, PARIS - 1992 (Directeur).

III - JOURNAUX et MAGAZINES

Collaborateur (et parfois fondateur) de nombreux journaux parmi lesquels :

- AFRIQUE NOUVELLE - DAKAR.
- TAM-TAM, journal étudiant.
- L'ECLAIR (Politique).
- LA VOIX DU PEUPLE (Politique).
- VOIX VOLTAIQUES (culturel).
- LE COURRIER DE L'UNESCO.

I - EXPERIENCES VARIEES

Berger, cultivateur avec les outils africains, traditionnels, chasseur, scout, séminariste, musicien, soliste, employé des chemins de fer, journaliste, Président d'Associations d'étudiants, militant panafricaniste (compagnonnage de lutte avec N'KRUMAH, CABRAL, LUMUMBA, MODIBO KEITA, BEN BELLA...). Leader de partis, Chef de l'opposition depuis 35 ans. Animateur d'une journée "révolutionnaire" (le 3 Janvier 1966). Cible de deux attentats manqués. Candidat à l'élection présidentielle. Départ clandestin en exil en échappant à mobylette de nuit. Directeur de Centre de Recherche. Membre du Conseil Exécutif de l'UNESCO, du Conseil d'Administration de l'UNITAR et de l'Université des Nations-Unies. Des centaines de milliers de kilomètres à travers les villages du BURKINA FASO.

II - PHOTOS - cf. Livret de Campagne.
- photos récentes.

J. Ki-Zerbo sur les genoux de son père, Alfred Dibane Ki-Zerbo, dont la tendresse pour son fils est visible.

Thérèse Ki, mère du Professeur Ki-Zerbo, alors qu'elle était jeune fille.

Père et fils, 50 ans après.

J. Ki-Zerbo épouse Jacqueline Coulibaly le 20 décembre 1956, à Paris.

J. Ki-Zerbo, étudiant à Paris.

J. Ki-Zerbo animateur d'un camp scout en France.

J. Ki-Zerbo, Secrétaire Général du CAMES en compagnie de M. Ali Lankoande, alors Ministre de l'Education Nationale et de M. M'Bow, Directeur Général de l'UNESCO.

J. Ki-Zerbo, premier professeur Voltaïque au lycée classique et moderne devenu aujourd'hui Lycée Philippe Zinda Kaboré de Ouagadougou.

Alfred Kaboré, Henri Guissou et J. Ki-Zerbo, lors du Congrès Constitutif de l'U.P.V, en novembre 1977 à Ouagadougou.

Les cadres doivent intervenir auprès des masses...
Le Professeur J. Ki-Zerbo explique dans un village l'importance du vote et la manière de voter.

Orateur brillant et écouté dans les conférences internationales, le Professeur Ki-Zerbo fourmille d'idées porteuses d'espoir et de progrès.

TABLE DES MATIERES

L'HARMATTAN, ITALIA
Via Degli Artisti 15 ; 10124 Torino

L'HARMATTAN HONGRIE
Könyvesbolt ; Kossuth L. u. 14-16
1053 Budapest

L'HARMATTAN BURKINA FASO
Rue 15.167 Route du Pô Patte d'oie
12 BP 226
Ouagadougou 12
(00226) 50 37 54 36

ESPACE L'HARMATTAN KINSHASA
Faculté des Sciences Sociales,
Politiques et Administratives
BP243, KIN XI ; Université de Kinshasa

L'HARMATTAN GUINEE
Almamya Rue KA 028
En face du restaurant le cèdre
OKB agency BP 3470 Conakry
(00224) 60 20 85 08
harmattanguinee@yahoo.fr

L'HARMATTAN COTE D'IVOIRE
M. Etien N'dah Ahmon
Résidence Karl / cité des arts
Abidjan-Cocody 03 BP 1588 Abidjan 03
(00225) 05 77 87 31

L'HARMATTAN MAURITANIE
Espace El Kettab du livre francophone
N° 472 avenue Palais des Congrès
BP 316 Nouakchott
(00222) 63 25 980

L'HARMATTAN CAMEROUN
BP 11486
(00237) 458 67 00
(00237) 976 61 66
harmattancam@yahoo.fr